Jürgen Werth
Leuchtspuren

Über den Autor

Jürgen Werth war bis 2014 Vorstandsvorsitzender bei „ERF Medien" und ist als Liedermacher, Moderator und Autor unterwegs. Viele seiner Lieder haben sich zu Klassikern entwickelt. Und auch im Geschichtenerzählen hat er es zur Meisterschaft gebracht. Jürgen Werth ist verheiratet und hat drei erwachsene Kinder.

JÜRGEN WERTH

Leucht spuren

Von Vorbildern und
persönlichen Begegnungen,
die durchs Leben tragen

Für die Bibelzitate wurden, wo nicht anders angegeben,
folgende Übersetzungen verwendet:
Die Bibel nach Martin Luthers Übersetzung, revidiert 2017,
© 2016 by Deutsche Bibelgesellschaft, Stuttgart.
Darüber hinaus wurde folgende Bibelübersetzung verwendet:
Basisbibel, © 2023 by Deutsche Bibelgesellschaft, Stuttgart.

Copyright der deutschen Ausgabe © 2024 by Gerth Medien
in der SCM Verlagsgruppe GmbH,
Berliner Ring 62, 35576 Wetzlar

1. Auflage 2024
Bestell-Nr. 817845
ISBN 978-3-95734-845-6

Umschlaggestaltung:
Andreas Sonnhüter · grafikbuero-sonnhueter.de
Umschlagmotiv: Shutterstock, Net Vector
Lektorat: Verena Keil
Satz: Uhl + Massopust, Aalen
Druck und Verarbeitung: GGP Media GmbH, Pößneck
Printed in Germany

www.gerth.de

Inhalt

Ein Wort zuvor

Es waren Menschen. Immer sind es Menschen. Wenn einer erzählt, was ihn fürs Leben geprägt hat, wie er sich selbst entdeckt und entwickelt hat, seine Talente gefördert und seine Torheiten gebremst hat – vor allem auch, wie er seine eigene Gestalt des Glaubens gefunden hat –, dann erzählt er meistens von Menschen.

Was ja passt. Weil alles wirkliche Leben Begegnung ist. Der jüdische Religionsphilosoph Martin Buber hat das gesagt. Und auch dieses Wort stammt von ihm: Der Mensch wird am Du zum Ich.

Von einigen dieser Dus erzähle ich in diesem Buch. Es waren und sind meine Augenöffner und Beinemacher, meine Denk- und Glaubenslehrer, meine Lichtanknipser und Horizonterweiterer. Einige waren mir ganz nah, mit ihnen habe ich, Seite an Seite, eine ordentliche Strecke meines Lebens zurückgelegt. Andere sind von fern immer wieder in mein Leben hineingeplatzt. Manchmal „nur" durch Geschriebenes und Gesungenes.

Menschen. Mit Macken und mit Marotten. Mit Schrammen und mit Schuld. Mal selbstlos und mal selbstverliebt.

Aber immer lichtdurchlässig. Durch ihre irdische Gestalt blitzte das Licht des Himmels.

Nein, dieses Buch erzählt nicht von meinen Helden. Die gibt es ja auch gar nicht. Es erzählt von Menschen, die so sind wie ich, wie wir alle. Und die uns deshalb den Weg weisen zu neuen Gedanken über uns selbst, über die Welt und über Gott. Die meisten sind längst heimgegangen. Allen voran der biblische König David. Er steht in diesem Buch zusammen mit Thomas, den man auch „den Zweifler" nennt, stellvertretend für die vielen biblischen Personen, die mich immer neu inspirieren und provozieren.

Ich habe mich in „Leuchtspuren" auf einige Menschen beschränkt. Ich stelle sie vor; ich teile sie mit Ihnen, meinen Leserinnen und Lesern. Weil ich sicher bin: Einige von ihnen werden auch Ihr Leben ein kleines bisschen reicher und heller machen. Und wer weiß: Vielleicht sind wir es ja auch für andere: lichtdurchlässig. Dann hätte unser Leben einen besonderen, bleibenden Wert.

David – mein Sänger, mein König

Alles auf Gottes Gnade setzen

David, zweiter König von Israel und Psalmdichter, um 1.000 vor Christus.

„Hallo David!" Ein alter Weggefährte begrüßt mich so bis heute. Dabei ist es nun fast vierzig Jahre her, dass ich als David in einem kleinen Musical auf der Bühne gestanden habe: „David – ein Sänger, ein König". Ich hatte die Texte geschrieben und Johannes Nitsch die Musik. Ich war David. – War ich David?

Tatsächlich hat mich der Sänger, der schließlich König wurde, schon immer fasziniert; seit ich mich erinnern kann, spüre ich eine eigenartige Seelenverwandtschaft. So eine facettenreiche Persönlichkeit! Ein unbedeutender Hirtenjunge, der zum Herrscher gesalbt wird, ein unbekümmerter Draufgänger, der den Philister-Riesen Goliath mit einer schlichten Steinschleuder besiegt, ein sensibler Liederdichter und Harfenspieler, der die bösen Geister des Noch-Königs Saul vertreibt, ein an Gott und seiner Berufung Verzweifelnder, der sich immer wieder vor denen verstecken muss, die ihm ans Leben wollen, ein marodierender Bandenchef, der hart und gnadenlos agiert und dann wieder weich und barmherzig ist. Ein König, der die zerstrittenen Stämme Israels vereint, der dem Land eine Hauptstadt gibt, die Grenzen des Reiches weiter zieht und sichert. Einer, der alles erreicht hat, was man erreichen kann, der alles besitzt, was man besitzen kann, und der trotzdem zum Ehebrecher und Mordanstifter wird, weil ihm das alles nicht reicht, weil er mehr will, anderes. David, ein von Sehnsucht Getriebener, der immer wieder erkennt, dass die tiefste Sehnsucht des Herzens nur im Himmel gestillt werden kann, weil es wirkliche Fülle und dauerhafte Erfüllung nur bei Gott gibt.

David – einer der sich verirrt, aber immer wieder zurückfindet. Der sich überführen lässt von Menschen und von Gott und öffentlich zu seiner Schuld steht. Ein Suchender, ein Irrender, ein Liebeshungriger, ein Ängstlicher, ein Achtloser, ein Hochsensibler und ein Tollkühner. Ein Staatsmann und ein Künstler. Mensch David!

Von solchen Menschen erzählt die Bibel. Sie ist kein Heldenepos. Sie preist nicht die Großen in Gottes Welt, sie preist die Kleinen, die auf die Barmherzigkeit ihres großen Gottes vertraut haben. Gott will nicht die Perfekten, die sich selbst vergotten, er will die Gebrochenen, die sich an ihn klammern. Mit ihnen schreibt er Geschichte. Für sie gilt, was über David gesagt wird: Er war ein Mensch nach Gottes Herzen. Das hat Davids Herz berührt.

In der Geschichte Israels wird David zu den ganz Großen gezählt. Der erwartete Messias ist der „Sohn Davids". Der gekommene Messias Jesus hat sich widerspruchslos so ansprechen lassen.

Aber wie war ich dazu gekommen, ein Musical über diesen alttestamentlichen Hirtenjungen zu schreiben? Ich war, wie meistens, nicht selbst darauf gekommen, ich war dazu gedrängt worden. Ende der Siebzigerjahre fragte mich mein schwedischer Musikproduzent Nils Kjellström, ob ich nicht die Texte zu einem David-Oratorium schreiben könnte. Ich fühlte mich geehrt – und überfordert. Wer war denn ich, dass ich so etwas schreiben könnte! Aber dann hat mich der Gedanke nicht mehr losgelassen und ich habe mich an die Arbeit gemacht. Nach ein paar Monaten wollte Nils anfangen zu komponieren. Etwas wirklich Großes sollte entstehen. Immer wieder hatten wir zusammen gesessen und gehirnt, geplant und geträumt. Ein großes Orchester würden wir engagieren. Cliff Richard sollte den David singen.

Doch wie das manchmal im Leben so ist: Wenn etwas besonders Großes entstehen soll, entsteht überhaupt nichts.

Nach vielen Monaten Zögern und Warten und Planen und Verwerfen war's schmerzhaft klar: Das wird nichts. Uns fehlen schlichtweg die finanziellen Mittel. Noch ein paar Monate später haben der wunderbare Johannes Nitsch und ich dann beschlossen, dass das jetzt unser gemeinsames Projekt werden sollte. Viel kleiner und bescheidenerer als ursprünglich gedacht. Statt Nils Johannes als Komponist und Produzent, statt Cliff Richard als David – ich.

Fünf Jahre später, 1982, konnten wir dann die fertige Schallplatte präsentieren. Den Untertitel hatte sich Jan Vering einfallen lassen, er sang in der Produktion den Propheten Nathan: „David – Ein Sänger, ein König". Auf der wunderschön gestalteten Plattenhülle steht:

„Ein Sänger, ein König. Ehrgeizig, unbeherrscht, angefochten, zweifelnd, verzweifelt, hoffend, weinend und lachend. Ein Sänger, ein König. Ein Mensch. Kein Gott. Ein Mensch Gottes. Von ihm ausgesucht, von ihm begabt, gesandt, beschützt. Einer, mit dem Gott Geschichte macht. David. Israels zweiter König. Einer, der uns hilft zu glauben, zu vertrauen gegen allen Schein. Der uns hilft zu beten, mit Gott zu leben, alles von ihm zu erwarten, immer zu ihm zurückzukommen."

Wir haben das Stück ein paar Mal aufgeführt. Unter anderem beim großen christlichen Jugendkongress „Explo 85" in Berlin.

Seit dieser Zeit begrüßt mich der alte Weggefährte, von dem ich eingangs erzählt habe, mit „Hallo David!" Er hatte im Chor mitgesungen.

Ein Lied aus dem Musical sollte viele Jahre später eine besondere Bedeutung für mich bekommen. Der Aufsichtsrat des Evangeliums-Rundfunks hatte im Herbst 1992 beschlossen, mich zum neuen Direktor des Unternehmens zu machen. Aber natürlich wollte ich nicht. Ich war Liedermacher, Texte-Ausdenker, Redakteur, Gestalter. Ein Künstler. Ein Menschenmensch. Sensibel, dünnhäutig, allzu dünnhäutig häufig genug. Ich war kein Manager, kein Konzernlenker. Ein Pfarrer aus der Schweiz konnte mich gut verstehen: „Jemand wie Sie wird es schwer haben in einem solchen Amt. Andererseits braucht es in solchen Ämtern Menschen wie Sie!"

Nach langen Kämpfen habe ich dennoch zugesagt. Weil Menschen mir versichert haben, dass sie genau mich wollen auf diesem Platz und dass sie an meiner Seite sind. Und dass diese Berufung letztlich Gottes Angelegenheit ist. Und nicht zuletzt darum, weil ich in jenen Tagen an das Lied gedacht habe, das David in unserem Musical nach seiner Amtseinführung singt:

Nun bin ich König, ausgerechnet ich.
Was hat sich Gott dabei gedacht, als er mich rief?
War's ein Versehn nur, unbedacht und impulsiv?
Nun bin ich König. Herr, gebrauche mich.

Nun bin ich König, ausgerechnet ist.
Mein Vater Isai ist stolz auf seinen Sohn.
Und alle wünschen Glück für mich und die Nation.
Nun bin ich König. Herr, gebrauche mich.

Ich sehe meine Grenzen, manchmal halten sie mich auf.
Mal möchte ich sie sprengen, mal nehm ich sie in Kauf.
Doch manchmal denk ich leise: Irgendwann muss einer her,
Der anders ist als David, vollkommener als er.

Nun bin ich König, ausgerechnet ich.
Ein kleiner Hirtenjunge hat's zu was gebracht.
Doch das ist falsch, denn du, mein Gott, hast es gemacht.
Nun bin ich König. Herr, gebrauche mich.[1]

Natürlich war ich nicht „König" geworden. Doch ich hatte
Verantwortung auf die Schultern geladen bekommen, die
für mich allein zu schwer war. Immer wieder in den fol-
genden Jahren und Jahrzehnten habe ich mich darum in
diesen Gedanken gerettet: Du, mein Gott, hast es gemacht.
Gemacht und gewollt. Deshalb gib jetzt auch die nötige
Durchhaltekraft. Und die richtigen Leute an meiner Seite.
Du trägst die letzte Verantwortung für alles.

Noch einmal habe ich mich an unser Musical erinnert:
21 Jahre später bei der Übergabe meines Leitungsamtes
an meinen Nachfolger. Mein Vermächtnis hätte ich kaum
treffender formulieren können als mit den Worten, die
David am Ende seines Lebens singt:

Das war mein Leben, Salomo,
Das Kämpfen ist vorbei.
Ich leg die Macht in deine Hand.
Das Amt lässt mich nun frei.

Es geht zu Ende, Salomo,
Ich habe gern gelebt.
Doch stirbt man leichter, wenn man weiß,
Wohin die Reise geht.

Nun bist du König, Salomo,
Sei Gottes Untertan!
Denn unsre Augen sehn doch nur,
was sie schon immer sahen.
Bleib ihm gehorsam, Salomo,
Dann bringt er dich zum Ziel.
Denn man verläuft sich, geht man nur,
Wohin man selber will.

Mein Weg war steinig, Salomo,
Ging oft durch dürres Land.
Doch hielt ich durch, ich wusste ja:
Gott selbst hat mich gesandt.
Er sendet dich nun, Salomo,
Sein Segen bleib dir treu!
Auch wenn du fällst, such seine Hand,
Gib ihm dein Leben neu.

Vergiss es niemals, Salomo:
Du lebst, weil er dich liebt.
Und du regierst nur, weil er dir
Dazu den Auftrag gibt.
Dein Land, es blüht nur, Salomo,

Wenn er den Regen schickt.
Gib ihm die Ehre, leb für ihn
In jedem Augenblick.

Ich bin nicht David, nein! David war David und ich bin Jürgen. Aber beide leben wir von der Gnade und Barmherzigkeit Gottes. Und an die klammern wir uns bis zum letzten Atemzug.

Zum Weiterdenken

- Haben Sie schon einmal eine Aufgabe übernommen, die Ihnen anfangs viel zu groß erschien? Wie hat Gott Sie dabei geführt und unterstützt?
- Mit welcher Person aus der Bibel können Sie sich derzeit am besten identifizieren?

Paul und Monika Deitenbeck

Kleine Leute
mit großem Herzen

Paul Deitenbeck (1912–2000), evangelischer Pfarrer und Evangelist, geboren und gestorben in Lüdenscheid.
Monika Deitenbeck (1955–2020), evangelische Pfarrerin, ebenfalls geboren und gestorben in Lüdenscheid.

Er war ein Kleiner. Aber ein kleiner Großer. Klein die Gestalt, groß das Herz. Manchmal, wenn er sich vorstellte, zitierte er verschmitzt Wilhelm Busch: „Schnell wachsende Keime welken geschwinde; zu lange Bäume brechen im Winde. Schätz nach der Länge nicht das Entsprungne! Fest im Gedränge steht das Gedrungne."
Er hatte manchen Winden standgehalten. Im Krieg, in russischer Kriegsgefangenschaft, im Studium, im Kirchenkampf in der Nazizeit und in den Sechziger- und Siebzigerjahren des letzten Jahrhunderts. Und auch beim frühen

Tod einer seiner Töchter. Paul Deitenbeck war nicht gebrochen. Im Gegenteil, er stand fest im Gedränge, denn er hatte sich umso fester an den himmlischen Halt geklammert.

Mit meiner Band, den „Dynamic News", spielten wir, als ich noch jung war, regelmäßig bei einem übergemeindlichen Jugendgottesdienst in seiner Kirche. Er saß dann meistens auf der Empore. Aber hinterher kam er stets herunter und strahlte. „Herrlich!", sagte er dann, was nicht nur daran lag, dass seine jüngste Tochter Monika mitgesungen hatte. Eigentlich konnte er unsere Musik gar nicht herrlich finden – er liebte eher Posaunenchöre und Choräle. Aber er meinte es ernst. Sein persönlicher Geschmack war für ihn nie das Maß aller Dinge. Was er sagte, kam aus seinem großen Herzen. Dabei begnügte er sich nie nur mit freundlichen Worten. Meist öffnete er sein Portemonnaie und zog einen Schein heraus, zehn oder zwanzig Mark: „Hier, kauf allen ein Eis!"

Das geöffnete Portemonnaie war sein Markenzeichen. Es war der sichtbare Ausdruck seines geöffneten Herzens. Pfarrer Paul Deitenbeck, den alle „PD" nannten, war schon zu Lebzeiten eine Legende in Lüdenscheid, der Stadt, in der ich aufgewachsen bin.

Wir hatten nicht allzu viele Begegnungen damals. Sie wurden erst mehr, als ich von Lüdenscheid mit meiner Frau nach Wetzlar gezogen war und dort beim „Evangeliums-Rundfunk" als Redakteur arbeitete. Da schrieb er mir eines Tages: „Du sagst ab sofort ‚Paul' zu mir – sonst wirst du erschossen." Das war sein herzhafter und zuweilen derber sauerländischer Humor. Heute hätte er einen solchen Satz mit ein paar Smileys garniert.

Dass ich überhaupt nach Wetzlar gegangen bin, hatte dann aber doch auch wieder etwas mit ihm und einem seiner Merksätze zu tun: „Ich habe mir die entscheidenden Türen im Leben nie selber aufgemacht." Das hatte auch ich nicht. Horst Marquardt, damals Programmdirektor in Wetzlar, hatte den jungen Zeitungsredakteur Jürgen Werth schriftlich zum Vorstellungsgespräch eingeladen – ohne dass der irgendetwas dazu beigetragen hatte.

Ich habe mich an diesen Merksatz auch später gehalten, etwa bei meiner Berufung zum Direktor des ERF oder bei meiner Wahl zum Vorsitzenden der Deutschen Evangelischen Allianz. Ich bin dankbar für diesen Satz. Denn ich habe immer wieder erlebt, dass der Kandidat, der sich allzu eifrig für eine Aufgabe bewirbt, meist nicht der Richtige ist.

„PD" hat viele wunderbare Weisheiten hinterlassen! Ich glaube, niemand sonst zitiere ich so häufig wie ihn. Seine Tochter Monika hat viele dieser Sätze gesammelt und auf kleine Spruchkarten drucken lassen.

„Jesus hat am Kreuz mit dem Barpreis seines Blutes für uns zahlungsunfähige Sünder bezahlt."
„Gott ist ein Wahrmacher seiner Verheißungen."
„Beten bedeutet: mit Gott Geheimnisse haben."
„Gott ist im Kleinsten am allergrößten."

„Unser Glaube lebt vom Übergewicht der Vergebung Jesu."
„Menschen, die mit Jesus rechnen, kommen immer in vorbereitete Verhältnisse."
„Unsere Situation ist Gottes Angelegenheit."
„Ein Christ ist immer in der Überzahl."
„Christen dürfen den Menschen ihrer Umgebung das Leben bekömmlicher machen."
„Jeder Tag ist ein Zahltag der Liebe, eine Chance zum Danken."

Paul Deitenbeck lebte, was er sagte. Oft sprach er von der „Verleiblichung" der Liebe. Nichts war ihm unheimlicher als eine „gebläsehafte Frömmigkeit", die viel redete, aber wenig liebte. Was man nicht spürt und nicht schmeckt, kann man getrost überhören.

Wenn er in der Stadt unterwegs war, zu Fuß, hatte er meist ein paar Traktate dabei. Aber die überreichte er nie ohne ein freundliches Wort. Und mancher Straßenarbeiter bekam erst einen Zigarillo, bevor ihm der Herr Pfarrer das fromme Blättchen in die schmutzigen Hände drückte.

Einmal stand er nach Ostern in der Metzgerei und sagte: „Ein Viertelpfund Leberwurst für alle!" Und wenn dann einer fragte: „Herr Pfarrer, haben Sie im Lotto gewonnen?", antwortete er verschmitzt: „Das nicht! Aber Jesus lebt! Das ist mehr wert als der größte Lottogewinn!"

Immer wieder haben wir uns getroffen und einander erzählt. Oft mit Mikrofon und Aufnahmegerät. Manche Radio- und Fernsehsendung mit ihm ist so entstanden.

„Immer am Danken bleiben" war sein Lebensmotto, und so heißt auch eines seiner Bücher. Nach einem Tagesausflug seiner Gemeinde mit dem Zug stiefelte er nach vorn zum Lokführer und bedankte sich, dass der so gut und umsichtig gefahren ist. Und ein Scheinchen gab's natürlich auch. Ob mit oder ohne Traktat ist nicht überliefert.

An Paul Deitenbeck konnte man Gottes Großzügigkeit, seine Menschenzugewandtheit nicht nur hören, sondern auch erleben. Dabei wollte er nur weitergeben, was er selbst von Gott und Menschen bekommen hatte. Im Portemonnaie hatte er deshalb eine Abteilung, die er seine „Königskasse" nannte. Da war das drin, was er weiterschenken wollte. Mancher half mit, dass die Königskasse nie leer wurde. „Hier, Herr Pfarrer, für Ihre Königskasse!"

Was er selber lebte, sollten andere nachmachen. Darum ließ man ihn bei bedeutenden Veranstaltungen immer wieder die „Kollektenrede" halten, auch bei den großen Evangelisationen mit Billy Graham. „Wir haben einen reichen Gott, und sein Kleingeld hat er in den Taschen seiner Kinder."

Solche Großveranstaltungen hatten immer mit knappen Kassen zu kämpfen. In einer Vorbereitungssitzung für einen „Gemeindetag unter dem Wort" ging es wieder einmal darum, ob die Veranstalter die finanzielle Last würden stemmen können. Spendenaufrufe wurden geplant. Da stand Paul Deitenbeck auf, zückte sein Portemonnaie, zog einhundert Mark heraus und sagte: „Wir müssen selber anfangen. Wenn wir nicht geben, was wir können, dürfen wir auch niemand anderen um sein Geld bitten." Sprach's und ließ einen kleinen Karton durch die Reihen wandern. Ich war beeindruckt und verängstigt: Hundert Mark hatte ich nicht dabei, hatte ich auch nicht übrig – ich war ein junger Redakteur bei einem Sender, der selbst von Spenden lebte und seine Mitarbeiterinnen und Mitarbeiter darum eher spärlich bezahlte. Ich weiß nicht mehr, was ich verschämt in den Karton gelegt habe. Aber ich weiß noch, dass ich mich anschließend gut gefühlt habe: Ich hatte nicht nur zum Programm des Tages beigetragen, sondern auch zu seiner Finanzierung. Und am Ende, viele Wochen später, als wir wieder zusammensaßen, haben wir gestaunt: Es hatte gereicht.

Und wie war Paul Deitenbeck so ganz privat? Was echt ist, kann man ja am besten zu Hause überprüfen, in den eigenen vier Wänden. Bei seiner Frau Hilde bedankte er sich jeden Tag fürs Mittagessen. Mit Handschlag. „Und jeden Samstag", erzählte er mir einmal, „bringe ich meiner Frau eine Rose mit." Worauf Hilde, die das gehört hatte, schmunzelnd einwarf: „Nur, dass die Rose meistens gar nicht erst bei mir ankommt, weil er sie unterwegs schon jemand anderem geschenkt hat."

Paul Deitenbeck – ein großer Kleiner. Ein Vorbild? Man kann wohl nicht mehr so leben und predigen wie er zu seiner Zeit. In den Fünfziger- und Sechzigerjahren des letzten Jahrhunderts waren die meisten Menschen noch weitgehend kirchlich sozialisiert. Man konnte voraussetzen, dass den meisten die Grundbegriffe des christlichen Glaubens vertraut waren. Da konnte man anknüpfen. Und Pfarrer waren noch Autoritäten, selbst für die, die von sich selbst sagten, sie gehörten nicht zu denen, die „jeden Sonntag in die Kirche rennen". Heute haben die meisten Menschen vergessen, dass es Gott gibt. Mehr noch: Sie haben vergessen, dass sie ihn vergessen haben.

Ich würde Paul Deitenbeck heute gerne noch einmal interviewen und ihm diese Fragen stellen: Wie sollen wir denn in diesen besonderen Zeiten unseren Glauben leben? Als Einzelne, als Kirche? Wie sollen wir das Evangelium weitergeben?

„Mit anderen, mit neuen Sätzen und Geschichten", würde er vielleicht sagen. „Aber immer mit dem Herzen. Denn ohne das Herz wird jede Verkündigung hohl. Und immer mit offenen Händen und mit offenen Türen. Wir müssen Leben und Liebe teilen." Paul Deitenbeck wäre bestimmt nicht ratlos und schon gar nicht hoffnungslos. Schon in den Achtzigerjahren hat er's so gesagt: „Im Zeitalter der verbrauchten Worte und der Unkenntnis der Bibel kommt dem ausgelebten Glauben erhöhte Bedeutung zu."

Er fehlt. Er fehlt mir.

Auch Monika fehlt mir, seine Tochter, die sein menschliches und geistliches Erbe verwaltet hat und die ihrem Vater viel zu früh in den Himmel gefolgt ist. Auch sie war eher klein, auch sie war Pfarrerin, auch sie war eine originelle Predigerin, auch sie hatte ein Herz für die Menschen, besonders für die, um die die meisten einen Bogen machen: „Obdis" nannte sie sie. Obdachlose, Nichtsesshafte. Ihre Gemeinde in Lüdenscheid-Oberrahmede hatte immer offene Türen für sie.

So ganz nebenbei war Monika Deitenbeck auch Vorsitzende des kleinen Vereins „gott.net", der regelmäßig unerwartete geistliche Botschaften auf Plakatwände und Postkarten und kleine Verteilkärtchen druckte. „Wir müssen miteinander reden. Gott" oder: „Ich habe Zeit für dich. Gott" oder: „Ich halte dich. Gott". Für die Rückseite der Postkarten durfte ich kleine meditative Texte verfassen. Monika achtete dabei immer darauf, dass die zentrale Botschaft des Evangeliums deutlich wurde, dass wir nicht nur allgemein von „Gott" sprachen, sondern dass der Name „Jesus" nicht verschwiegen wurde. Immer hatte sie diese kleinen Kärtchen dabei. Und stets gab sie sie mit einer kleinen Tüte Gummibärchen weiter. Da war Monika ganz wie ihr Vater.

Ihr Aktionsradius war groß, zu groß vielleicht. Aber sie kannte die Kraftquelle, aus der allein all das, was ihr aufgetragen war oder was sie sich selbst aufgetragen hatte, zu bewältigen war. Immer wieder zog sie sich ins stille Kämmerlein des Gebets zurück. Auch am Rand großer Veranstaltungen, wie der Allianzkonferenz in Bad Blankenburg, war sie immer wieder verschwunden. Manchmal, weil sie sich im Gespräch mit einem Menschen verloren hatte. Meist aber, weil sie einen Termin mit Gott hatte.

Dadurch kam sie oft zu spät zu Verabredungen. Ihre ältere Schwester Magdalene, die kräftig mitgearbeitet hat in der Gemeinde, sagte einmal, wenn sie ein Buch über Monika schreiben müsste, würde es heißen: „Warten auf Monika".

Von ihrem plötzlichen Tod im Februar 2020 erfuhren wir bei einem Spaziergang auf Teneriffa – ich war dort gerade als Pastor einer kleinen evangelischen Gemeinde tätig. Wir waren schockiert. Gerade erst hatte sie ihren 65. Geburtstag gefeiert.

Ein paar Wochen später habe ich ein Gedicht für sie geschrieben. Für sie und irgendwie auch für Papa Paul:

Mensch Moni
Menschenmensch
Jesusmensch
Du fehlst.

Dein Lächeln
Deine Worte
Deine Gummibärchen
Deine Predigten
Deine Ideen
Deine Liebe.

Ich sehe uns singen
Vom Mann aus Nazareth
In der Kirche
Deines Vaters
Du warst 16 oder so.

Ich sehe dich hören
Hineinhören
In die Welt
In den Himmel:
Was will Gott?
Was brauchen die Menschen?

Ich sehe dich beten
Allein und mit anderen.
Du wusstest:
Nichts hat Bestand ohne den
Der allein helfen kann
Halt gibt und Hoffnung.

Ich sehe dich lachen und weinen
Mit Nahen und Fernen
So vieles ging dir so nah
Zu nah vielleicht.
Du konntest dich kaum schützen
Vor dem Elend dieser Welt
Vor den Schmerzen der Menschen.
Alles ging dir mitten ins Herz
Deine Seele kannte keine Grenzkontrolle.

Mensch Moni
Ich sehe deine Kleider, Ketten, Haare
Schicker, modischer und bunter
Als die der anderen.

Du warst so gar nicht
Wie sich die Menschen
eine fromme Pfarrerin vorstellen.

Ein Paradiesvogel warst du
Vom Himmel auf die Erde geschickt
Die Erde unter den Flügeln
Den Himmel im Herzen.
Dorthin bist du zurückgekehrt
Viel zu früh
Für uns.

Aber deine Liebe bleibt hier
Du hast uns vorgelebt
Wie man dem nachlebt
Der dein Leben bestimmt hat
Jesus.
Dem leben nun wir umso gewisser nach.
Ihm. Nicht dir, nein
Das hättest du nicht gewollt.

Mensch Moni
Menschenmensch
Jesusmensch
Fürmenschenmensch
So gut
Dass wir dich gehabt haben.

Ich bin nicht wie die beiden Deitenbecks. Manchmal liegt mir das Klagen und Jammern näher als das Danken und Loben. Manchmal hüte ich die Barschaft in meinem Portemonnaie eher, als dass ich sie verteile. Und zum Beten muss ich mich immer wieder überwinden. Aber ich habe ja vielleicht noch ein paar Lehrjahre vor mir. Und ich höre beinahe, wie Paul mich zu trösten versucht: dass auch er ein Mensch aus Fleisch und Blut war, mit Ecken und Kanten, ehrgeizig, verletzlich und zuweilen eitel. Dass er sich oft überwinden musste, auf Menschen zuzugehen, weil er eigentlich „von Beruf oberschüchtern" war. Dass vieles nicht möglich gewesen wäre ohne den zweiten Pfarrer in seiner Gemeinde, Ingfried Woyke, ohne seine Frau, ohne die vielen Mitarbeiterinnen und Mitarbeiter.

Er würde mich vielleicht daran erinnern, dass er auch scharf und zuweilen verletzend agieren konnte. Etwa in den heftigen Auseinandersetzungen mit der merkwürdigen „Gott-ist-tot-Theologie" im letzten Jahrhundert. Fehler machen ist verzeihlich, würde er vielleicht sagen. Aber nicht zu seinen Fehlern stehen ist zerstörerisch. Darum hat er sich fast immer hinterher entschuldigt. Einmal sagte er mir: „Ich möchte auch die schärfste inhaltliche Auseinandersetzung immer so führen, dass ich morgen ans Sterbebett meines Gegners treten könnte."

Ich werde weiterhin bei ihm in die Schule gehen. Ich habe meine Erinnerungen. Ich habe seine Bücher. Ich habe seine Merksätze. Und ich habe Hoffnung. Denn: „Ich bin unanklagbar bis in Ewigkeit. Mein Glaube lebt vom Übergewicht der Vergebung Jesu."

Zum Weiterdenken

- Wo sind Sie durch die Großzügigkeit eines anderen schon beschenkt worden?
- Wofür und für wen schlägt Ihr Herz? Was sollen Menschen an Ihrem Grab einmal über Sie erzählen – was für ein Mensch Sie gewesen sind?
- Welchen Segen wollen Sie an andere weitergeben?

Richard Rohr

Wer bin ich
und wer soll ich werden?

Richard Rohr, geboren 1943 in Topeka, Kansas, USA,
Franziskanerpater, Prediger und Autor. Sein bekanntestes
Buch – das die verschiedenen Persönlichkeitstypen in den
Blick nimmt – heißt „Das Enneagramm". Rohr schrieb es
1989 zusammen mit dem deutschen lutherischen Pfarrer
Andreas Ebert.

Familienurlaub auf Zypern. Unser Ältester erzählt seinen
Nichten und Neffen von einem Typentest. Alle hängen
an seinen Lippen. Der Test steht online zur Verfügung.
In den folgenden Tagen werden ihn fast alle von uns aus-
füllen und auswerten und mit den anderen vergleichen.
Und das wird eine ausgesprochen spannende Erfahrung.
Wer bin ich? Wer bist du? Wo sind wir einander ähnlich,
wo unterscheiden wir uns? Niemand ist mit dieser Frage

jemals fertig. Denn in jeder Lebensphase beantwortet sie sich ein kleines bisschen anders.

Ich wollte es schon immer ziemlich genau wissen. Persönlichkeitstests haben mich darum stets geradezu magnetisch angezogen. Manchmal ahnte ich bei der Beantwortung der Fragen allerdings schon, welche Antwort zu welchem Ergebnis führen würde. Ich habe dann auch ein bisschen geschummelt, damit das Ergebnis herauskommt, das ich lesen wollte.

Und das habe nicht nur ich so gemacht. Ich erinnere mich an ein Coaching im ERF, das auch mit einem schriftlichen Typentest begann. Ein Kollege war mit seinem Ergebnis so gar nicht zufrieden. Er bat deshalb darum, den Fragebogen noch einmal ausfüllen zu dürfen. Es wurde ihm gestattet. Am Ende hatte er das Ergebnis, das er wollte. Aber war er das wirklich? Oder war es nur sein eigenes Wunschbild?

Typenmodelle gibt es schon lange. Weil Menschen schon immer wissen wollten, wer sie sind und was sie von den anderen unterscheidet. Am bekanntesten ist sicherlich die astrologische Typologie nach Sternzeichen. Im 4. Jahrhundert vor Christus begann man dann, die Menschen in vier Kategorien – Choleriker, Phlegmatiker, Sanguiniker und Melancholiker – einzuteilen. Dieses Modell gilt inzwischen als überholt. Der Typentest, den unser Sohn mitgenommen hatte nach Zypern, beruhte auf dem sogenannten „DISG-Modell", das dominante, initiative, stetige und gewissenhafte Menschen in vielen verschiedenen Abstufungen und Kombinationen voneinander unterscheidet.

Mein liebstes Typenmodell ist das Enneagramm, das auf verschiedene, jahrhundertealte Wurzeln zurückgreift. 1989 habe ich es entdeckt. Durch ihn – den deutschstämmigen amerikanischen Franziskanerpater Richard Rohr. Sein Buch, das er zusammen mit dem evangelischen Theologen Andreas Ebert geschrieben hat, wurde schnell ein Bestseller. Das Enneagramm (von altgriechisch ἐννέα, ennea, „neun", und γράμμα, gramma, „das Geschriebene") geht von neun Persönlichkeitstypen aus, schlicht benannt mit „Typ Eins", „Typ Vier" oder „Typ Neun", allerdings gibt es außerdem noch ungezählte Unter- und Mischtypen. Dieses Typenmodell ist differenzierter als die meisten anderen Modelle, und es beschreibt nicht nur den Istzustand eines Menschen, sondern zeigt auch Wege auf, wie man sich weiterentwickeln und vielleicht sogar verändern kann. Wohl darum hat das Enneagramm mich gleich bei der ersten Begegnung tief berührt.

Inzwischen sind viele Nachfolgebücher erschienen.[2] Es gibt Seminare und Apps und Podcasts. Fromme und ganz und gar unfromme. Vielleicht liegt hier ein Geheimnis dieses Modells: Man kann es in verschiedenen Kontexten lesen und verstehen und anwenden.

Wer bin ich? Wer möchte ich sein? Wie bin ich? Wie möchte ich sein? Wie sehe ich mich selbst? Wie sehen mich die anderen? Wo hänge ich fest, wie komme ich weiter? Welche Aufgaben warten auf einen Menschen wie mich? Auf welche Risiken und Nebenwirkungen meiner Gaben und Grenzen sollte ich achten?

Fragen, denen ich immer wieder neu auf den Grund gehen will. Dabei muss ich mich freimachen von den Rollen, die ich zu spielen habe. Richard Rohr schreibt in seinem Buch, man solle sich zu erinnern versuchen, wie man als Siebzehnjähriger gedacht, gefühlt und gelebt hat. Da war man in der Regel noch kein Angestellter, kein Chef, kein Ehepartner, kein Elternteil.

Fragebögen helfen. Jedenfalls gute und intelligent ausgearbeitete Fragebögen, nicht die meist allzu schlichten in den Illustrierten. Fragebögen und Gespräche mit objektiven Partnern, mit Trainern, Coaches, Seelsorgern, Therapeuten.

Hier aber nun endlich die kurz gefassten Typenbeschreibungen des Enneagramms nach dem Buch „Wer du bist" (ich verzichte darauf, alle Begriffe zu gendern):

Eins: der Perfektionist
Zwei: der Helfer
Drei: der Leistungsmensch
Vier: der Romantiker
Fünf: der Forscher
Sechs: der Loyale
Sieben: der Enthusiast
Acht: der Herausforderer
Neun: der Friedliebende

Das Schöne: Etwas von allen Typen steckt in allen. Und alle haben ihre Pros und Cons, ihre Stärken und Schwächen, ihre vorzeigbaren und nicht so vorzeigbaren Seiten. Alle Typen haben besondere Talente und besondere Defizite und werden mit entsprechenden Versuchungen konfrontiert. Niemand ist besser als die anderen, niemand schlechter. Deshalb muss und darf sich niemand minderoder höherwertig fühlen. Und: Alle brauchen Ergänzung durch die anderen.

Das Enneagramm will aber nicht nur zeigen, wer ich bin, sondern auch, wie ich mich weiterentwickeln kann, wie ich meine Stärken stärken und die Schwächen schwächen kann.

Nach der ersten Lektüre des Enneagramms war ich überzeugt, eine „Drei" zu sein, ein erfolgreicher Leistungsmensch also, dem meistens gelingt, was er anpackt. Einer, der vorangeht, der Karriere macht, dem andere applaudieren, der aber insgeheim weiß, dass ihn die anderen überschätzen, weil er mehr im Schaufenster hat als im Laden. Vieles, was ich las, traf und passte. Und es entsprach dem, was mir andere spiegelten. Schon mein Vater hatte mir das gesagt: „Du bist ein Erfolgsmensch!" Eben. Mit den Versuchungen der „Drei" allerdings habe ich gefremdelt, etwa mit dem Hang zu Überheblichkeit, Unwahrhaftigkeit und Opportunismus.

Einen Test hatte ich bis dahin nicht gemacht. Der kam erst ein paar Jahre später. Und er hat mich verblüfft: Ich war gar keine „Drei", ich war eine „Vier". Eine so was von

Vier! Kein Leistungsmensch, sondern ein Romantiker. Ein Künstler mit einer sensiblen Künstlerseele. Warum war mir das vorher nicht klar geworden? Weil ich das nicht sein wollte? Oder nicht sein durfte? Ich war schließlich Direktor von ERF Medien. Da war ein Manager gefragt. Einer, dem Projekte wichtiger zu sein haben als Menschen. Einer, der zupackt – kein feinfühliger Romantiker oder gar ein verträumter Künstler. Die galten und gelten als sprunghaft, entscheidungsschwach und nicht allzu zuverlässig. Das sollte und wollte ich nicht sein! Aber es half nichts: Ich war eine Vier. Und manches, was mich schon immer an mir gewundert und zuweilen geärgert hatte, schien auf einmal etwas zu sein, was unabänderlich zu mir gehörte und was mich als Menschen ausmachte.

Ein Künstler als Chef von zweihundert Mitarbeiterinnen und Mitarbeitern und über einen Jahresetat von über zehn Millionen Euro? Zugegeben: Das war nicht immer leicht. Schließlich musste und wollte ich Künstler bleiben dürfen. Musste und wollte Menschen und Situationen mit sensiblen Sinnen beurteilen und bewegen. Denn wer auf die Dauer gegen seine Natur lebt, wird krank.

Ich habe mir darum für alles, was mir nicht auf den Leib geschnitten war, eine Ergänzung gesucht: Mitarbeiterinnen und Mitarbeiter, die konnten, was ich nicht konnte. Was ich auch jedem anderen raten würde, der in leitender Verantwortung steht. Andere Persönlichkeitstypen wollen das vielleicht nicht so gern wahrhaben – dass sie Ergänzung und Unterstützung brauchen. Da hat die sensible Welt- und Selbstwahrnehmung dann doch durchaus ihre Vorteile... Klar, immer wieder habe ich zu meiner Assistentin gesagt: „Wenn's mal bei Aldi dicke Felle zu kaufen gibt, greife ich sofort zu!" Aber erstens gab's die nicht. Und zweitens fühlten sich viele meiner Mitarbeiterinnen und Mitarbeiter dann doch auch deshalb verstanden, weil ich eben kein dickes Fell hatte und mich in ihre Schuhe stellen konnte – selbst wenn ich immer wieder Entscheidungen treffen musste, die ihnen nicht behagten.

Was sensible Naturen wie ich auch brauchen – vor allem dann, wenn sie Verantwortung tragen –, ist das regelmäßige Aussteigen. Abstand gewinnen. So nahm ich mir während meiner Leitungszeit immer wieder eine kürzere oder längere Auszeit, um mich selbst, meine Arbeit und all das, was mir aufgetragen war, mit Abstand zu betrachten. Von außen. Oder besser noch: von oben. Ein stiller Tag oder ein stilles Wochenende in Gnadenthal oder in Bursfelde waren für mich darum mehr als eine gute Übung. Sie haben mir das Überleben gesichert.

Das Enneagramm hat mir geholfen, mich besser zu verstehen, um mich pfleglich behandeln zu können – und für andere zu tun und zu lassen, was eben nur ich tun und lassen konnte.

Nun haben natürlich alle Typenlehren ihre Stärken und Schwächen. Zum Beispiel diese: Wer beginnt, sich intensiver mit dem Enneagramm auseinanderzusetzen, teilt schnell die Menschen seiner Umgebung in neun Gruppen

ein. „Der ist eindeutig eine Acht. Machtmensch! Vorsicht!"
Oder: „Die ist eine Zwei. Muss immer anderen helfen.
Kann nicht anders." Oder: „Der ist eine Neun. Ausgegli-
chen und unaufgeregt. Aber auch ein bisschen phlegma-
tisch." Und auch sich selbst sperrt man schnell in ein Sys-
tem ein. Das ist allerdings zu kurz gedacht und geurteilt.
Denn es gibt ja nicht nur neun verschiedene Typen auf
Gottes bunter Erde! Diese Tatsache berücksichtigt auch
Richard Rohrs Enneagramm. Jeder Mensch ist eine ein-
zigartige Mischung, ein ganz eigener, unvergleichlicher
und unverwechselbarer Kosmos, ein einzigartiger und
genialer Gedanke Gottes eben. Und dieser Gedanke darf
und muss sich entfalten und entwickeln – und kann dabei vielleicht sogar eine Gestalt annehmen, mit der weder
er noch andere gerechnet haben. Jede Festlegung auf be-
stimmte Eigenarten würde dieses Entwicklungspotenzial
unzulässig einschränken. Die „Enneagramm-Brille", mit
der man zu Beginn seine Umgebung scannt, sollte man
also möglichst schnell wieder ablegen.

Und doch ist diese Typenlehre für mich ein wichtiger
Schlüssel, der die oft verschlossenen Türen zu anderen
und zu mir selbst aufschließt. Ich beginne tiefer zu verstehen. Und ich ahne, welche Möglichkeiten in mir angelegt
sind, in welche Richtung ich mich weiterentwickeln kann.
Jeder Mensch ist und bleibt ein Geheimnis. Wir sehen die
Oberfläche, auch bei uns selbst, und können uns vielleicht in die erste oder zweite Schicht darunter vorarbei-
ten. Das meiste aber bleibt darunter verborgen und bricht

höchstens hervor, wenn der Boden unserer Persönlichkeit erbarmungslos umgepflügt wird. In tiefen Lebenskrisen etwa oder beim Altwerden. Dann erschrecken vielleicht nicht nur andere, sondern vor allem auch wir selbst: „Das hätte ich von mir nicht gedacht!"

Dietrich Bonhoeffer hat sich im Juni 1944, weniger als ein Jahr vor seiner Hinrichtung, eingehend selbst reflektiert – in einem bis heute nachdenkenswerten Gedicht:

Wer bin ich? Sie sagen mir oft,
ich träte aus meiner Zelle
gelassen und heiter und fest,
wie ein Gutsherr aus seinem Schloß.

Wer bin ich? Sie sagen mir oft,
ich spräche mit meinen Bewachern
frei und freundlich und klar,
als hätte ich zu gebieten.

Wer bin ich? Sie sagen mir auch,
ich trüge die Tage des Unglücks
gleichmütig lächelnd und stolz,
wie einer, der Siegen gewohnt ist.

Bin ich das wirklich, was andere von mir sagen?
Oder bin ich nur das, was ich selbst von mir weiß?
Unruhig, sehnsüchtig, krank, wie ein Vogel im Käfig,
ringend nach Lebensatem, als würgte mir einer die Kehle,

hungernd nach Farben, nach Blumen,
nach Vogelstimmen,
dürstend nach guten Worten, nach menschlicher Nähe,
zitternd vor Zorn über Willkür
und kleinlichste Kränkung,
umgetrieben vom Warten auf große Dinge,
ohnmächtig bangend um Freunde in endloser Ferne,
müde und leer zum Beten, zum Denken, zum Schaffen,
matt und bereit, von allem Abschied zu nehmen?

Wer bin ich? Der oder jener?
Bin ich denn heute dieser und morgen ein andrer?
Bin ich beides zugleich? Vor Menschen ein Heuchler
und vor mir selbst ein verächtlich wehleidiger
Schwächling?

Oder gleicht, was in mir noch ist, dem geschlagenen Heer,
das in Unordnung weicht vor schon gewonnenem Sieg?

Wer bin ich? Einsames Fragen treibt mit mir Spott.
Wer ich auch bin, Du kennst mich, Dein bin ich, o Gott!

Genau das ist wohl der Kern: Ich komme von Gott, aus seinen Gedanken, aus seinem liebenden Herzen. Niemand kennt mich so gut und tief wie er. Er hat mich gewollt und mich zu einer unverwechselbaren Persönlichkeit gemacht. Ich muss nicht alles verstehen. Mir soll genügen, dass ich verstanden bin. Und vor allem: geliebt.

Zum Weiterdenken

- Wie nehmen Sie sich selbst wahr?
- Was sagen Ihnen vertraute Menschen über Ihr Wesen, Ihre „Schokoladenseiten", Ihre Stärken, Gaben, Ihre Schwächen und Marotten?

Oma Friede

Immer eine Tasse Kaffee
und etwas zum Lachen

Frieda Emma Martha Hirschbruch (1902–1987), geboren
in Dyhernfurth, Schlesien, gestorben in Lüdenscheid,
Sauerland.

Ja, sie war meine Lieblingsoma, eindeutig. Aber wie
hieß sie denn nun wirklich? Jahrelang hat sie mit „Elfriede" unterschrieben. Oder mit „E.". Denn so sollte
sie ja eigentlich auch heißen. Doch ihr Vater war nach
ihrer Geburt beim Besuch des dörflichen Standesamtes
in Dyhernfurth bei Breslau so aufgeregt gewesen, dass
er statt „Elfriede" „Frieda" zu Protokoll gegeben hatte,
genauer gesagt: „Frieda Emma Martha". Klar, in diese
Klangfolge hätte „Elfriede" ja auch nicht wirklich gut
reingepasst. Zu Hause war die Aufregung groß. Doch
dann beschloss der Familienrat: Egal, was in den Büchern

steht – wir nennen sie Elfriede. So nannte sie sich also auch. Und stellte sich auch so vor, wenn sie nach ihrem Vornamen gefragt wurde. Bis – Jahrzehnte später – ein penibler Beamter den Fehler bemerkte und nachdrücklich darauf hinwies, dass sie künftig gefälligst mit ihrem richtigen und amtlichen Namen unterschreiben müsse, eben Frieda.

Da war Frieda längst im Sauerland. In Lüdenscheid. Dort hatte sie längst den alten Familiennamen Dietzmann gegen einen neuen getauscht und hieß nun Hirschbruch. Der Grund war Paul. Paul Herrmann. Sauerländer von echtem Schrot und Korn. Freundlich und wortkarg. Frieda Emma Martha redete, sobald sie den Tag begrüßt hatte, und sie schwieg erst wieder, wenn sie eingeschlafen war. Paul Hermann schwieg fast immer, nickte nur zuweilen zustimmend. Böse Zungen behaupten, er wäre ja auch gar nicht zu Wort gekommen. Wie die zwei zueinander gefunden haben, ist mir bis heute ein Rätsel. Auch, wie er wohl um ihre Hand angehalten haben mag. Aber die Ehe hielt. Bis zum letzten Atemzug.

Frieda war mit zarten zwanzig Jahren von Dyhernfurth nach Lüdenscheid zu Schwester und Schwager gezogen, weil nach dem Vater nun auch noch die Mutter gestorben war. Was sollte sie noch in der alten Heimat? Doch auch damals war es für Neuankömmlinge nicht leicht, sich in einer neuen Welt zurechtzufinden. Aber ihre unbekümmerte Redseligkeit machte es leichter für sie.

Irgendwann wurde sie meine Oma. Ich nannte sie Oma Friede. Was ja ein durchaus hübscher Name für so eine Oma ist. Aber sie war mehr als das, viel mehr. Sie war mein Kindergarten, meine Zuflucht, meine Komplizin.

Das mit dem Kindergarten kam so: Meine Mutti wollte und musste ein bisschen dazuverdienen. Und die Chefin des örtlichen Kindergartens, Schwester Elisabeth, hatte es sich gleich in den ersten Tagen gründlich mit mir verdorben. Ich hatte mich wohl heftig mit einem anderen Jungen um eins der wenigen Dreiräder gestritten, worauf sie uns gemeinsam in den Keller sperren wollte. Am Mittagstisch habe ich dann wohl verkündet, dass ich da nie mehr hingehen würde. Was tun? Oma fragen. Die sagte nach einer kurzen Schrecksekunde Ja und wurde mein Privatkindergarten. Das war lustig, und Kellerarrest war auch nicht zu befürchten.

Wir haben so manche Streiche ausgeheckt, manch kuriose Situation zusammen durchgestanden. Die meisten kann ich hier gar nicht erzählen, sie würden meine Oma in ein schiefes Licht stellen. Doch eine Geschichte soll hier stellvertretend für viele andere stehen:

Es war wieder einmal schmuddelig und kalt gewesen in Lüdenscheid. Wir waren auf dem Weg zur Fabrik, in der mein Opa arbeitete, um ihm sein Mittagessen in einem heißen „Henkelmann" zu bringen. Wir hatten es eilig, denn wir waren spät dran. Am Straßenstern, der ziemlich belebten Kreuzung mitten in der Stadt, hatte man auf das Signal des Schutzmanns zu warten, der von einem Podest aus den Verkehr regelte. Das dauerte. Als gerade kein Auto kam, zog Oma mich hastig über die Straße. Doch da ließ uns ein scharfer Pfiff aus einer Trillerpfeife erstarren. Der Schutzmann hatte uns gesehen und winkte Oma und mich mit einer energischen Bewegung seines weiß behand- schuhten Armes zu sich heran. Ernst und strafend blickte er von seinem Podest auf uns arme Sünder herab. Und alle anderen schauten gespannt zu. „Kommen Sie heute Nachmittag um drei auf die Wache! Ich werde Sie wohl mit vier Wochen Verkehrsunterricht bestrafen müssen!" Dann notierte er den Namen von Oma und ihre Adresse. Na, das konnte ja heiter werden!

Am Nachmittag dann standen wir ihm kleinlaut ge- genüber. Ohne Podest sah er gleich viel menschlicher aus. Beinahe freundlich sogar. Er redete uns ins Gewis- sen. Hauptsächlich Oma, klar, und er sagte, dass das aus- gesprochen gefährlich sei, einfach so über die Straße zu laufen! Und dass eine Oma ja auch eine Vorbildfunktion habe für ihren Enkel.

Wir beiden nickten schuldbewusst. Besonders ich. Oma hatte mir gesagt, dass ich den Polizisten möglichst treu- herzig anschauen soll. Das wirkte offenbar. Denn auf ein- mal sagte der Schutzmann: „Also gut, ich will Ihnen den Verkehrsunterricht diesmal erlassen! Aber dass mir das nicht wieder vorkommt!"

„Nein! Nein, nein!", nickten Oma und ich und strahl- ten dabei um die Wette. Anschließend schwebten wir selig nach Hause. Wir waren frei! Wie wunderbar!

Damals habe ich vielleicht zum ersten Mal verstanden, was Gnade ist.

Meine Großeltern waren nie reich. Opa war vor dem Krieg fünf Jahre arbeitslos gewesen. Mein Kindergarten war eine Zweizimmerwohnung mit Vorflur und Klo im Keller, in einem alten windschiefen Haus am Rande der Altstadt. Aber die Türen standen immer offen. Ständig kam jemand zu Besuch. Und immer gab es eine Tasse Kaffee, was in den Fünfzigerjahren ein besonderer Luxus war. Nein, langweilig war es nie in meinem Kindergarten. Noch wichtiger aber war: Ich wurde geliebt und gefördert. Meine ersten Gedichte habe ich wohl in dieser Wohnung geschrieben.

Zu jedem Geburtstag gab es eines. Für Oma und für Opa. Und immer endete es mit Segenswünschen. Opa und Oma hatten so gar nichts dagegen. Im Gegenteil. Zum 62. Geburtstag von Oma Friede – ich war damals dreizehn Jahre alt – habe ich Folgendes geschrieben:

Vor 62 Jahren in Dyhernfurth
hast du das Licht der Welt erblickt.
Bis heute hast du noch kaum gemurrt
und dich in dein Los geschickt.

Hast alles mit Heiterkeit getragen.
Ob Durst, ob Hunger, ob Krieg.
Und hast dich durch alle Not geschlagen,
dich mit allem, was du hattest, begnügt.

Fern von der Heimat erlebtest du
viel gute und schlechte Jahr'.
‚Auf Regen folgt Sonne.' Zwar nicht im Nu;
aber trotzdem ist es wahr!

Die Heiterkeit hast du gewahrt,
drum bist du auch beliebt.
Nun wünsch ich dir, daß dich Gott bewahrt
und dir noch viele Jahre gibt.

Die Heiterkeit, ach ja. Was konnte Oma lachen! Vor allem über sich selbst.

Sie lachte, wenn sie im Tabakwarenladen keine Camel-, sondern Elefanten-Zigaretten verlangt hatte. Wenn sie den Citroën 2-CV ihres Enkels „Henne" statt Ente genannt hatte. Wenn sie in der Apotheke Hustenbonbons hatte kaufen wollen, deren Name sie an Pantoffeln erinnerten – und der Apotheker schließlich herausfand, dass sie Latschenkiefer-Bonbons gemeint hatte. Oma war für mich ein lebendes Beispiel für eine neue Seligpreisung der „Kleinen Schwestern von Paris", die ich viele Jahre später entdeckt habe:
Selig, die über sich selbst lachen können!
Sie werden immer genug Unterhaltung finden.

So gar nicht lachen konnte sie allerdings, als meine Frau und ich ihr eines Tages eröffneten, dass wir Lüdenscheid verlassen und nach Wetzlar ziehen würden. Für sie war das wie der Umzug auf einen anderen Kontinent. Doch es gab Trost: Ich würde künftig ab und zu im Radio zu hören sein! Und so kurbelten Oma und Opa morgens, nachmittags und abends an ihrem alten Röhrenradio herum und suchten auf der Kurzwelle im 49-Meter-Band oder auf der Mittelwelle 1466 kHz den „Evangeliums-Rundfunk". Und immer, wenn sie meine Stimme hörten, war das ein kleines Fest. „Vater, komm schnell, unser Jungele ist im Radio!"

Besonders fromm waren die beiden bis dahin nicht gewesen. Sie glaubten an Gott, aber ja. Das tat ja auch fast jeder andere aus ihrer Generation. Einen allzu großen Einfluss auf den Alltag hatte das allerdings nie gehabt. Doch nach ein paar Jahren Radiohören sagte meine Oma eines Tages: „Komisch. Man wird ganz anders, wenn man das immer hört."

So ist sie dann irgendwann nicht nur gestorben, sondern heimgegangen. Ein gutes Jahr nach Paul Hermann. Sie hatte keine richtige Lust mehr auf das Leben auf der Erde gehabt, nachdem ihr treuer Zuhörer sie verlassen hatte. Jetzt, da bin ich ganz sicher, sind sie wieder vereint und reden und schweigen himmlisch.

Zum Weiterdenken

- Wer war Ihr Zufluchtsort in Ihrer Kindheit – und wer ist es heute?
- Haben Sie jemanden, mit dem Sie „Pferde stehlen" könnten?
- Wer steckt Sie mit seiner Heiterkeit an bzw. inspiriert Sie mit seiner positiven Lebenseinstellung?

Henri Nouwen

Gottes barmherziger
Fürsorge vertrauen

Henri Nouwen (1932–1996), Theologe und Psychologe, geboren 1932 in Nijkerk, Niederlande, gestorben in Hilversum, Niederlande.

Hier hat er gestanden oder gesessen. Hier hat er geschaut und gestaunt und gebetet, manchmal stundenlang. Als ich zum ersten Mal seinen Platz einnehme, verstehe ich seine Faszination. „Die Rückkehr des verlorenen Sohnes" von Rembrandt van Rijn, ein kolossales Gemälde in der Eremitage in Sankt Petersburg, berührt und bewegt mein Innerstes. Allerdings bin ich auch ein bisschen enttäuscht. Nicht vom Bild, nein, aber von der unvorteilhaften Ausleuchtung dort im ehemaligen Sommerpalast der Zaren. Aber vielleicht macht das dieses Bild noch kostbarer. Es drängt sich nicht auf. Man muss es sehen wollen.

Muss sich ihm behutsam nähern und Augen und Herz schärfen.

Vielleicht hätte ich es 1994 bei meinem ersten Besuch in Sankt Petersburg gar nicht besonders beachtet, wenn ich nicht ein paar Jahre zuvor dieses Buch gelesen hätte: „Nimm sein Bild in dein Herz". Henri Nouwen, der wunderbare niederländisch-amerikanische Autor, Priester, Psychologe und Seelsorger hat es geschrieben. Ein ganzes Buch über ein Bild. Und über die Geschichte, die es erzählt. Es ist vielleicht die zentrale Geschichte des Neuen Testaments, des christlichen Glaubens überhaupt. „Ein Mensch hatte zwei Söhne...", so beginnt sie im guten alten Lutherdeutsch. Um dann eine zutiefst anrührende Geschichte von einem, nein eigentlich von zwei verlorenen Söhnen zu erzählen – und von ihrem barmherzigen Vater, der alle Verhaltensregeln, die damals galten, ignoriert. Eine Schlüsselgeschichte für das menschliche Zusammenleben. Mehr noch aber die Schlüsselgeschichte über den Vater im Himmel, der seinen verlorenen Söhnen und Töchtern in Jesus Christus entgegenläuft und sie neu willkommen heißt in seiner Welt.

Wann immer ich Menschen zu erklären versuche, wer Gott ist, erzähle ich diese Geschichte. Es ist nämlich meine Geschichte. Unsere Geschichte. Und eben auch die von Henri Nouwen. In seinem Buch hat er sie anhand des Rembrandt-Gemäldes neu erzählt und entfaltet. Er hat dabei auf Entdeckungen und Einsichten des amerikanischen Gelehrten Kenneth E. Bailey zurückgegriffen, der viele Jahrzehnte im Nahen Osten gelebt und gelehrt hat, und darum noch tiefer als wir westlich geprägten Menschen verstehen konnte, welche revolutionäre Wucht in dieser Geschichte steckt – und gesteckt hat, damals, als Jesus sie erzählt hat. Ein Vater, der seinem Sohn den Anteil am Erbe auszahlt, der ihn ziehen lässt; der Tag für Tag auf ihn wartet; der ihm, als er ihn am Horizont erblickt, entgegenrennt; der ihn, der von den Schweinen kommt, in die Arme schließt; ihm den Familienring und damit alle Rechte am Familienbesitz zurückgibt, noch bevor dieser so richtig um Vergebung gebeten hat; der ein großes Fest für diesen Hallodri veranstaltet – das alles muss in den Ohren der damaligen Zuhörer skandalös geklungen haben. So etwas gab es damals nicht, und das gibt es wohl heute bei uns Menschen auch nicht.

Auch Rembrandt van Rijn, der niederländische Maler und Kupferstecher, hat die Geschichte wohl tiefer verstanden als die meisten anderen, das offenbart jeder Pinselstrich seines gewaltigen Gemäldes.

Als ich das Werk zum ersten Mal im Original ansehen durfte, war ich mit Tom, einem amerikanischen Freund und Kollegen, in Russland unterwegs, um die Menschen zu besuchen und zu ermutigen, die in Russland unsere gemeinsame christliche Radioarbeit verantworteten. Mein Freund sah das Bild mit noch anderen Augen an als ich. Sein Sohn hatte gerade beschlossen, seine Familie zu verlassen, und die Tochter hatte ihm just an diesem Tag offenbart, dass sie sich in eine Frau verliebt hat. Tom stand mit feuchten Augen vor dem Gemälde und war Vater und verlorener Sohn zugleich. Doch er wusste sich in die Arme genommen vom himmlischen Vater und wollte nun selbst ein solcher Vater sein.

Wir haben beide anschließend je ein Poster des Bildes erstanden. Es hing viele Jahre in seinem und in meinem Büro.

Ich bin danach noch zwei- oder dreimal in der Eremitage gewesen und habe mich in das Bild vertieft, habe versucht, es in mein Herz zu nehmen. Leider war die Zeit meistens begrenzt, weil ich nie allein unterwegs war. Henri Nouwen konnte sich mehr Zeit nehmen. Er hat manchmal stundenlang vor dem Bild gesessen, vor allem dann, wenn er nicht mit großen Touristenströmen konkurrieren musste.

Das Buch über dieses Bild hat mich auf geheimnisvolle Weise mit Henri Nouwen verbandelt. Ich kannte den Autor jedoch schon vorher, durch sein Buch „Ich hörte auf die Stille". Es ist ein Tagebuch, das während seines Aufenthalts in einem Trappistenkloster entstanden und 1978 erschienen ist. Dieses Buch hatte mich nachhaltig beeindruckt und später sogar zu einem Lied mit demselben Titel inspiriert. Schon beim Lesen dieses Tagebuchs hatte ich seinen Herzschlag gespürt. Einen Herzschlag, der einen ähnlichen Rhythmus zu haben schien wie mein eigener. Immer wieder habe ich nach den Büchern von Nouwen gegriffen, habe seinen Weg verfolgt, habe mich von ihm liebevoll inspirieren und provozieren lassen.

Leider haben wir uns nie getroffen. So gern hätte ich ihn als Gast in meiner Talkshow „Werthe Gäste" gehabt. Aber die gab es noch gar nicht, als er Gast auf dieser Erde war. Doch seine Bücher waren für mich so etwas wie intime und persönliche Begegnungen. Immer wieder greife ich auch heute nach ihnen. Und immer wieder beginnen die tiefen Schichten meiner Seele geheimnisvoll zu schwingen. Als wären wir seelenverwandt, irgendwie. Manchmal kommen mir die Tränen, wenn ich Texte von ihm lese. Es ist wohl vor allem sein ehrlicher und sensibler Umgang mit den eigenen Fragen, Zweifeln, Brüchen. Da schreibt nicht einer, der weiß, sondern einer, der fragt und sucht, der noch unterwegs ist und seine Leserinnen und Leser mitnimmt auf die Reise, auf eine Reise zu sich selbst, zu den Menschen, zu Gott.

Dass Henri Nouwen später seine Universitätskarriere aufgab, um in Toronto für geistig und körperlich behinderte Menschen in einer Einrichtung der „Arche" von Jean Vanier da zu sein, hat mich immer wieder vor die heikle Frage gestellt, was wirklich wichtig ist im Leben: Karriere, Anerkennung, Reputation – oder Liebe und Barmherzigkeit? Und vor die Frage, was ich eigentlich mit meinem Leben bewirken möchte. So vieles sieht von außen betrachtet so gut und geistlich aus – dient aber oft vor allem dazu, das eigene Ego zu befriedigen.

Beim Eintritt in meinen Ruhestand habe ich mich wieder an Henri Nouwen erinnert. Über seine Ankunft damals in Toronto schrieb er, dass niemand von seinen neuen Freunden je ein Buch von ihm gelesen hatte, niemand wusste, dass er Professor in Harvard gewesen war, sie wussten nicht einmal, was Harvard ist. „Auf einmal war ich nur noch Henri."[3]

Das tut weh und es tut gut. Weil es befreit. Und weil es offenlegt, worauf es im Tiefsten und Letzten ankommt. Ämter und Titel und Auftritte und Veröffentlichungen sind von vorübergehender Bedeutung. Was bleibt, ist das Herz.

Im Jahr 2023 erschien ein letztes Buch von Henri Nouwen, mit dem Titel „Loslassen und fliegen".[4] Ich durfte es in vier Folgen für die Sendereihe „Lesezeichen" auf ERF Plus lesen. Nouwen hat es nicht mehr selbst geschrieben, natürlich nicht. 1996 war er, völlig überraschend, an einem Herzinfarkt gestorben – nach einem letzten Besuch in Sankt Petersburg. Das Buch hat eine frühere Mitarbeiterin von ihm aus alten Aufzeichnungen, Textfragmenten und Tagebucheinträgen zusammengestellt. Es erzählt die Geschichte von Henris Freundschaft mit einer Gruppe von Zirkusartisten, den Trapezkünstlern „Flying Rodleighs". Von der ersten Begegnung an war Henri von ihrer Kunst fasziniert. Immer wieder hat er sich ihre Vorführungen angesehen, er war sogar eine Weile mit ihnen auf Tour gewesen. Bei den Trapezkünstlern hat er Entscheidendes für das Leben und für den Glauben gelernt, zum Beispiel das: Es gibt bei diesen artistischen Vorführungen stets „Flieger" und „Fänger". Die Flieger müssen nur fliegen, sie dürfen nicht versuchen zu fangen, sonst brechen sich beide, Flieger und Fänger, die Handgelenke. Die Flieger sollen nichts weiter als die Arme ausstrecken und darauf vertrauen, dass der Fänger sie fängt. Der Fänger mag vielleicht ein Mensch sein. Vor allem aber ist es Gott. Einmal notierte Henri Nouwen: „Du warst der Geliebte, bevor du geboren wurdest, und du wirst auch nach deinem Tod der Geliebte sein. Das ist die Wahrheit deiner Identität. Das bist du, ob du dich schlecht oder gut fühlst, oder was immer die Welt dich denken oder erfahren lässt. Du gehörst zu Gott von Ewigkeit zu Ewigkeit. Das Leben ist nur eine Unterbrechung der Ewigkeit, nur eine kleine Gelegenheit, ein paar Jahre lang zu sagen: ,Ich liebe dich auch!‘“[5]

Henri hat diese Liebe ein Leben lang gesucht und immer wieder neu gefunden. Er ist geflogen, und er ist aufgefangen worden, von Menschen und vom himmlischen Fänger. So, wie im biblischen Gleichnis die beiden verlorenen Söhne vom barmherzigen Vater aufgefangen wurden.

Und ich will mich auch auf das Fliegen beschränken. Will darauf verzichten, Gott in den Griff zu bekommen. Ich will vertrauen, mich ihm anvertrauen. Jetzt schon, und erst recht dann, wenn mir der letzte Flug verordnet wird.

Zum Weiterdenken

- Haben Sie auch einen „Seelenverwandten", mit dem Sie sich zutiefst verbunden fühlen?
- Mit wem können Sie sich über Ihr Scheitern, Ihre Zweifel und Fragen ehrlich austauschen?
- Können Sie Gott ganz vertrauen – loslassen und „fliegen"?
- Gibt es jemanden, der Ihnen in Sachen Gottvertrauen ein Vorbild ist?

Corrie ten Boom

Versöhnt leben
und lieben lernen

Corrie ten Boom (1892–1983), Evangelistin und Buchautorin, geboren in Amsterdam, gestorben in Placentia, Kalifornien.

Sie hatte mir einen Termin gegeben. Und sie kam. „Ich bin Corrie ten Boom", sagte sie und setzte sich zu mir in die stille Ecke, die ich zusammen mit meinem Tontechniker für dieses kleine Interview vorbereitet hatte. Ich war nervös. Ich war ein junger Redakteur und hatte noch nicht so sehr viele Prominente fürs Radio interviewt. Sie war 82 und berühmt und erfahren, und sie kannte sich aus mit dem Radio. Für „Trans World Radio", den internationalen Missionssender, hatte sie schon ungezählte Ansprachen aufgenommen. Ich kam vom deutschsprachigen Partner, dem „Evangeliums-Rundfunk", wohl vor allem deshalb war sie bereit, mit mir zu sprechen. Sie hätte den ganzen Tag lang Interviews geben können. Doch dazu war sie ja nicht hierher, nach Lausanne, gereist.

Wir waren im Palais de Beaulieu und es war das Jahr 1974. Billy Graham hatte zu einem Internationalen Kongress für Weltmission eingeladen, und über zweitausend Menschen aus aller Welt, die sich hauptberuflich in der Evangelisation engagierten, waren gekommen. Es war die Geburtsstunde der „Lausanner Bewegung", die international Evangelisten und evangelistische Initiativen vernetzt – doch das wussten wir beide, Corrie und ich, da noch nicht. In ungezählten Reden wurde auf dem Kongress die Dringlichkeit der Evangelisierung der Welt betont. „Let The Earth Hear His Voice!" war das Motto. Lasst die Erde seine – nämlich Gottes – Stimme hören. Ins Foyer des Kongresszentrums hatten die Veranstalter einen gewaltigen Rechner gestellt, der digital – ganz modern! – in einer Zeile die sekündlich wachsende Zahl der Menschen auf der Welt anzeigte und darunter die erheblich langsamer steigende Zahl der Christen. „Wir haben nicht mehr viel Zeit!", hieß es immer wieder. „Die Entwicklung läuft uns davon!" Und: „Wir müssen alle Kräfte bündeln, um die Menschen mit dem Evangelium zu erreichen!"

Ich sprach Corrie ten Boom auf diese erschreckenden Zahlen an. Sie lächelte gütig und weise. „Ach, wissen Sie, das sind nur Zahlen." Appelle und Statistiken seien ja doch nur eine schwache Motivation, Menschen das Evangelium zu bringen. Es komme auf die Liebe an. So habe das ja auch schon Paulus gesagt: „Die Liebe Christi drängt uns" (Römer 6,3). Und dann sagte sie den Satz, den ich nie mehr vergessen habe: „Es gibt keine Panik im Himmel."

So war sie selbst ein Leben lang in aller Welt unterwegs gewesen, um den Menschen vom Evangelium von Jesus Christus zu erzählen. Evangelistin war sie. Und sie hatte eine besondere Autorität. Das lag nicht zuletzt an ihrer Geschichte. Im Zweiten Weltkrieg hatte Corrie ten Boom, während die Niederlande von den Nazis besetzt waren, eine Untergrundorganisation gegründet, die zahlreiche Juden vor dem Konzentrationslager rettete. Auch in ihrem eigenen Haus versteckten sie und ihre Familie hinter einem Verschlag immer wieder jüdische Familien. Im April 1944 jedoch wurde sie von einem Kollaborateur der Nazis verraten. Zusammen mit ihrer Schwester Betsie wurde sie ins KZ Ravensbrück deportiert. Betsie überlebte das nicht.

Corrie war auch in Ravensbrück das geblieben, was sie schon immer war: Evangelistin. Sie hatte ihre kleine Bibel ins Konzentrationslager geschmuggelt und hielt heimlich Bibelstunden für ihre Mitgefangenen. Die tankten hier Überlebenskraft und Glaubensmut.

Nach dem Ende des Krieges reiste Corrie auch durch Deutschland, predigte, erzählte und hielt Vorträge. Ihr großes Thema war Versöhnung. Eines Abends entdeckte sie unter ihren Zuhörern einen ehemaligen Aufseher aus „ihrem" KZ. Nach dem Vortrag kam er auf Corrie ten Boom zu und sagte stockend, er habe nach dem Krieg ein neues Leben begonnen, Gott habe ihm seine schrecklichen Untaten vergeben, nun bitte er auch Corrie ganz herzlich um Vergebung.

Corrie ten Boom hat immer wieder davon erzählt, dass es geradezu unmöglich für sie gewesen sei, die ausgestreckte Hand des Mannes zu ergreifen. Ihr Arm hätte wie festgenagelt an ihrem Oberschenkel verharrt. Doch dann wäre er plötzlich ganz warm geworden, als wäre eine andere Kraft in ihn gefahren, und er habe sich beinahe wie von selbst dem Mann entgegengestreckt, und Corrie habe die Hand des Mannes ergreifen können. Wenn Gott ihm vergeben habe, ja, dann wolle sie ihm auch vergeben. Und nicht nur ihr Gegenüber wurde eine schwere Last los.

Das Evangelium war für Corrie vor allem die Botschaft der Versöhnung und der Vergebung. Weil Gott uns immer wieder vergibt, können wir auch anderen vergeben. Weil Gott bereit ist, sich mit denen zu versöhnen, die ihm den Rücken gekehrt haben, können wir uns nun auch sogar mit denen versöhnen, die uns verletzt und beleidigt haben. Mit dieser Botschaft zog sie durch die Welt, diese Botschaft lebte sie, diese Botschaft verkündete sie im Radio und ihn ihren Büchern.

Und nun saß sie mir gegenüber, die alte gütige Frau, die meine Großmutter hätte sein können. Ich war nicht mehr nervös. Am liebsten hätte ich ihr mein ganzes Leben erzählt und all die Fragen gestellt, die ich immer schon mal jemandem stellen wollte. Ich fühlte mich verstanden und angenommen. Aber wir hatten einen straffen Terminplan, und so sprachen wir weiter über die bedrohlichen Zahlen auf dem Rechner gleich nebenan und über die ambitionierten Strategien, die auf diesem Kongress präsentiert wurden, und waren uns schnell einig: Ja, Strategien können wichtig sein. Vor allem aber kommt es auf das Herz an, wenn einer einem anderen etwas von der Liebe Gottes und der Botschaft der Versöhnung erzählen will. Auf das Herz, das immer wieder neu gesund geliebt wird von Gott, und das dann, heil geworden, für andere Menschen schlagen kann. Es gibt keine Panik im Himmel. Aber ein unendlich liebendes Herz.

Und mit einem gesund geliebten Herzen und der Liebe Gottes im Gepäck kann man sich dann auch mit sich selbst und seiner rätselhaften Lebensgeschichte versöhnen. Ein amerikanischer Freund, viele Jahre Chef der TWR-Sendestation auf der niederländischen Antilleninsel Bonaire, erzählte mir, dass Corrie einmal in seinem Haus zu Gast gewesen sei. Da habe sie ein gewebtes Stück Stoff aus ihrer Handtasche gezogen, es auseinandergefaltet und ihm, seiner Frau und vor allem den Kindern die Rückseite gezeigt. „So ist unser Leben", habe sie gesagt, „wirre bunte Fäden, die scheinbar ohne Sinn ineinander verschlungen sind." Dann habe sie das Stück Stoff umgedreht und alle hätten über eine goldene Krone und viele bunte Juwelen gestaunt. „Eines Tages werden wir die Vorderseite sehen und staunen über das, was wir vorher kaum ahnen konnten: Jeder Faden hat seinen Sinn, alles passt zusammen, alles ergibt am Ende ein wunderbares Muster. Und Gott sieht unser

Leben heute schon so." Seine Kinder hätten das nie vergessen, erzählte mir mein Freund. Und er und seine Frau hätten auch immer wieder daran denken müssen, als viel Unverständliches in ihrem Leben passiert sei.

Am Ende des Kongresses wurde die „Lausanner Verpflichtung" verabschiedet, ein inzwischen bedeutendes kirchengeschichtliches Dokument, in dem sich die Teilnehmer aus über 150 Nationen verpflichteten, sich der Herausforderung der weltweiten Evangelisation zu stellen.

Noch immer wächst die Weltbevölkerung sehr viel schneller als die Zahl der Christen. Und noch immer gibt es die große Herausforderung von 1974. Vor allem aber gilt das, was ich damals durch die Begegnung mit Corrie ten Boom gelernt habe: Es kommt nicht auf Statistiken und Strategien an, sondern auf Liebe und Leidenschaft. Auf das Herz.

Als ich mein Lied „Der Alte" geschrieben habe, hätte ich es auch „Die Alte" nennen können. Denn es ist auch ein Lied über Corrie ten Boom und über meine Erinnerungen an sie. Es erzählt von einem alten Menschen, zu dem die Menschen kamen, wenn sie Sorgen und Probleme hatten. Er „lauschte und liebte und lächelte mild und lockte das Schwerste und Tiefste ins Licht. Er ehrte das Kleine, verachtete nichts und saß über niemand und nichts zu Gericht." Aber er wird älter und schwächer, kann erst nicht mehr sehen, dann nicht mehr hören, nicht mehr sprechen und schließlich nicht einmal mehr segnen. Das Lied endet so:

Kein Ohr mehr, kein Mund mehr, kein Blick, der versteht,
und keine Berührung so sanft wie zuvor.
Er war nur noch Liebe, er war nur noch ein Herz –
und an dieses Herz legten sie nun ihr Ohr.

Ich bin dankbar, dass ich für einen kleinen Moment mein Ohr an das Herz von Corrie ten Boom legen durfte.

Zum Weiterdenken

- Bei wem fühlen Sie sich vollständig verstanden und geliebt?
- Wo braucht es in Ihrem Leben Versöhnung mit sich selbst oder Ihrer Geschichte?
- In welcher Form wollen Sie anderen etwas von Gottes Liebe weitergeben?

Billy Graham

Impulsgeber für den eigenen Glauben entdecken

Dr. William Franklin „Billy" Graham (1918–2018), Evangelist, geboren in Charlotte, North Carolina (USA), gestorben in Montreat, North Carolina.

Kurz vor seinem Tod am 21. Februar 2018 autorisierte er eine letzte Zeitungskolumne. Ich habe die Zeilen so übersetzt:

„Ich hoffe, dass man sich an mich erinnert als einen, der treu war. Der Gott treu war, dem Evangelium von Jesus Christus treu war und der Berufung, die Gott mir gegeben hat, nicht nur als Evangelist sondern auch als Ehemann, Vater und Freund. Ich weiß, dass ich oft versagt habe, aber ich bin getröstet, weil Christus versprochen hat zu vergeben und dass Gott auch unsere größten Schwächen zu seiner Verherrlichung benutzen kann. Wenn Sie das lesen, werde ich im Himmel sein. Aber ich bin da nicht, weil ich vor ungezählten Menschen gepredigt habe oder weil ich versucht habe, ein gutes Leben zu führen. Ich bin nur aus einem einzigen Grund im Himmel: Vor vielen Jahren habe ich mein Leben Jesus Christus anvertraut, der am Kreuz gestorben ist, um Vergebung möglich zu machen, und der auferstanden ist, um uns ewiges Leben zu schenken. Wissen Sie, dass Sie in den Himmel gehen, wenn Sie sterben? Sie können es, wenn Sie Ihr Leben heute Christus anvertrauen."[6]

Billy Graham wurde 99 Jahre alt. Er starb, wie er gelebt hat. Und er sagte am Schluss, was er beinahe ein ganzes Leben lang gesagt hat. Immer wieder. Immer wieder gleich und doch immer wieder neu. Für viele ist er der einflussreichste Prediger des 20. und vermutlich auch des 21. Jahrhunderts.

Seine Predigttätigkeit begann 1951, in dem Jahr, in dem ich geboren wurde. Entdeckt habe ich ihn mit 15. Ich hatte an meinem alten Röhrenradio gedreht. Auf der Mittelwelle, denn da hörte man meist bessere Musik als bei den langweiligen und biederen öffentlich-rechtlichen Sendern. Plötzlich hörte ich eine amerikanisch klingende Stimme. „The Bible says…" Ich blieb hängen und erfuhr, dass das Billy Graham war. Ich hatte die „Hour of Decision" gefunden, die „Stunde der Entscheidung", die regelmäßig im englischsprachigen Programm von „Trans World Radio" lief. „Trans World Radio" – die Muttergesellschaft des deutschsprachigen „Evangeliums-Rundfunks", zu dem ich viele Jahre später als Redakteur wechseln sollte.

Graham sprach einfach, in einem einfachen Englisch. Ich konnte ihn gut verstehen – auch wenn der Empfang auf der Mittelwelle eher miserabel war. Ich schaltete immer wieder ein. Und ich lernte, dass das mit dem Glauben gar nicht so schwierig ist, wie es mir zuweilen erschien.

Im selben Jahr kaufte ich mir eines seiner Bücher. Ich hatte es auf einem christlichen Büchertisch im kärntnerischen Villach entdeckt: „Friede mit Gott". 160 Seiten Bibelkunde, Glaubenskunde, Theologie für Einsteiger. Ein Einsteiger war ich nicht wirklich. Schließlich war ich Teilnehmer einer Jungenschaftsfreizeit meines CVJM in Villach. Aber in diesem Buch wurde für mich eindrucksvoll und spannend zusammengefasst, was ich in all den Jahren in der Spielschar, der Jungschar und jetzt eben in der Jungenschaft gehört hatte und wovon ich längst auch anderen erzählt hatte. Und wie beim Radiohören hatte ich wieder die Erkenntnis: Das mit dem Glauben ist ja gar nicht so kompliziert!

Das war wohl auch schon anderen so gegangen. Der Hamburger Theologieprofessor Helmut Thielicke jedenfalls schrieb Billy Graham einmal einen Brief, nachdem er bei einer Evangelisation in Los Angeles dabei gewesen war:

„Wir deutschen Theologen sind wahrlich begabt mit dem Hang zur Kritik, und mir ist es persönlich immer leichtgefallen, festzustellen, was am anderen falsch oder mangelhaft ist. Wenn ich hier und da um ein Urteil über Ihre Predigtweise gebeten wurde (die ich natürlich aus

Ihren Büchern und Schriften über Sie kenne), so war ich in der Tat nicht allzu bescheiden gewesen, ein oder zwei mehr oder weniger tiefsinnige theologische Beobachtungen zum Besten zu geben. Der Abend, den ich mit Ihnen verbrachte, machte mir klar – und der Heilige Geist wird dabei geholfen haben – dass die Frage in der umgekehrten Richtung gestellt werden müsste: Was fehlt mir persönlich und meinen theologischen Kollegen auf der Kanzel und hinter dem akademischen Pult, so dass ein Mann wie Billy Graham nötig wird? An jenem Abend wurde mir ein für alle Mal klar, mein lieber Dr. Graham, dass Sie biblisches Brot und nicht intellektuelle Leckerbissen und raffinierte Propaganda verabreichen. Dafür möchte ich Ihnen danken."[7]

Zum ersten Mal live gehört und gesehen habe ich Billy Graham 1973 beim „Weltkongress für Evangelisation" in Lausanne. Viele Tausend Evangelisten aus aller Welt hatte er dort zusammengerufen. Er war Herz und Hirn der Veranstaltung und wollte ganz und gar für seine Gäste da sein, darum musste er sich schützen vor allzu vielen freundlichen und kritischen Journalisten. „Dr. Graham gibt keine Interviews!", sagten seine Mitarbeiter wieder und wieder. Nur eine Ausnahme gab es: Joseph Baranyi, Leiter der kleinen ungarischen Abteilung meiner Dachorganisation „Trans World Radio", bekam eines und war glücklich und stolz. Damals war Ungarn noch Teil des kommunistischen Ostblocks, die Sendungen mussten darum im Ausland produziert und von Monte Carlo aus gesendet werden. Das war Billy Graham offenbar eine Ausnahme wert. Ein paar Tage später allerdings saß Joseph Baranyi völlig verzweifelt in unserem kleinen Studio, von dem aus wir über den Kongress berichteten. „Ich habe ein Interview mit Manfred Siebald aufgenommen", sagte er. „Aber genau auf das Tonband, auf dem das Interview mit Billy Graham war. Alles ist überspielt. Alles ist weg." Dann hellte sich seine Miene auf: „Ich muss Mr Graham einfach noch einmal fragen." Sprach's und verschwand mit seinem kleinen Tonbandgerät in Richtung Graham-Büro. Ganz ehrlich: Ich hatte wenig Hoffnung für ihn. Doch wenig später war er zurück und strahlte: „Mr Graham hat mir ein zweites Interview gegeben!" Kein Journalist hatte ein Interview bekommen, egal, wie bedeutend er, sein Sender oder seine Zeitung auch waren – aber der kleine Joseph aus dem kleinen Ungarn bekam gleich zwei. „Dr. Graham" legte für seine Entscheidungen offenbar andere Maßstäbe an. Ich muss sagen: Ich war beeindruckt.

Im März 1990 dann, wenige Wochen nach dem Fall der Berliner Mauer, habe ich Billy Graham zusammen mit Jörg Swoboda bei einem großen Event vor dem Reichstagsgebäude in Berlin anmoderieren dürfen. Graham predigte auch hier, was er immer und überall gepredigt hat: Lasst euch versöhnen mit dem Gott, der seinen Sohn auf diese Erde gesandt hat, der die Mauern, die uns von ihm trennen, niedergerissen hat. Was das bedeutet, war in diesen historischen Wochen mit Händen zu greifen. Graham jedenfalls war davon restlos begeistert und griff auf ein

Zitat von John F. Kennedy zurück, der die Stadt nach dem Bau der Mauer 1961 besucht hatte: „Was für ein großartiger Anblick! So viele Menschen unter Regenschirmen! Wir werden es niemals vergessen! Wir lieben euch! Auch ich bin ein Berliner!"

Noch einmal war ich in gewisser Weise Billy Grahams Moderator: Bei „ProChrist" im März 1993 in der Essener Grugahalle. Die Veranstaltung wurde per Satellit an über tausend Veranstaltungsorte in Europa übertragen. Vor Ort gab es vor Beginn der Übertragung überall ein lokales Programm, natürlich auch in Essen. Dann wurden die Orte zusammengeschaltet. Ich durfte alle begrüßen. Mich haben Grahams Predigten an jenen Abenden nicht so tief berührt. Der 42-jährige Jürgen konnte den 15-jährigen Jürgen nicht mehr so richtig verstehen. Aber ich war halt 25 Jahre älter, kannte viele seiner Predigten bereits und war ja auch längst nicht mehr seine Zielgruppe. Besonders an einem Abend schien die komplette Predigt aus Anekdoten aus der Tierwelt zu bestehen. Grahams Mitarbeiter zählten klammheimlich, wie viele Tiere in der Predigt vorkamen. Wir waren enttäuscht. Doch später erzählte eine Gemeindemitarbeiterin, sie sei an diesem Abend mit ihrem kompletten Jugendkreis in Essen gewesen. „Und dann so eine Predigt!", habe sie gedacht. Doch am Schluss sei der Kritischste von allen nach vorn gegangen, um ein Leben mit Jesus zu beginnen …

Gott braucht unsere klugen Predigten und das, was Helmut Thielicke „intellektuelle Leckerbissen" nannte, offenbar weniger, als wir uns zuweilen einbilden. Der Geist weht, wo er will.

Insgesamt verkündigte Billy Graham auf 417 Großveranstaltungen vor 210 Millionen Menschen in 185 Ländern. Sieben Mal trat er in Deutschland auf, zuletzt 1993 bei „Pro-Christ". Elf Jahre zuvor, 1982, durfte er in mehreren Städten der DDR auftreten, darunter in Berlin, Dresden und Wittenberg. Zu fast allen amerikanischen Präsidenten unterhielt Graham mehr oder weniger engen Kontakt. Das brachte ihm immer wieder auch Kritik ein. Klar, die Nähe zwischen Thron und Altar ist verführerisch und kann verhängnisvoll sein. Doch niemand von uns weiß, was hinter den verschlossenen Türen des Oval Office geredet und wie oft dort auch gebetet wurde. Besonders nah war sein Verhältnis zu Jimmy Carter. Nach Grahams Tod schrieb dieser, er habe „Mr Graham" zu seinen engsten Beratern und Freunden gezählt. Dieser Mann habe „einen enormen Einfluss" auf sein „eigenes spirituelles Leben" gehabt.

Wie ich Billy Graham persönlich erlebt habe? – Feurig und selbstbewusst auf der Bühne, bescheiden und beinahe scheu im persönlichen Umgang. Er war keiner, der wusste, „wie's geht". Einmal fragte er: „Kann ich das überhaupt? Passe ich als Amerikaner hierher? Erreicht meine Botschaft tatsächlich die Herzen der Menschen?"

Aber das ist wohl das Geheimnis des – nein, nicht des Erfolges, sondern der Vollmacht. Und auf die kommt es an. Paulus schrieb einmal auf, was Gott ihm in einer Zeit schwerer Anfechtungen deutlich gemacht habe: „Meine

Kraft ist in den Schwachen mächtig" (2. Korinther 12,9). Also nur in denen, die nicht auf ihre eigene Kraft vertrauen, auf ihre intellektuelle Überlegenheit, ihre rhetorische Brillanz. Nur wenn Gott selbst durch einen Menschen redet, wird ein anderer nachhaltig bewegt und vielleicht sogar überzeugt. Ja, ich will an meinen Gedanken und Formulierungen feilen. Aber entscheidend ist, ob Gott selbst durch sie zu Wort kommt – oder nur ich selbst. Das immer wieder neu zu verstehen, zu glauben und zu beherzigen ist zuweilen ein schmerzhafter Prozess. Aber er befreit auch. So bete ich vor jeder Predigt, die ich halte, und vor jedem Text, den ich schreibe: „Herr, mach meine Wörter zu deinen Worten."

Ich bin überzeugt, dass Billy Graham ähnlich gebetet hat, bevor er auf eine Kanzel gestiegen ist oder eine Bühne betreten hat.

Zum Weiterdenken

- Wessen Andachten und Predigten haben Sie in der Vergangenheit tief berührt? Haben Sie einen „Lieblingsprediger"?
- Welche Menschen inspirieren Sie aktuell in Bezug auf Ihren Glauben – und wer hat Sie in der Vergangenheit inspiriert?

Herbert Dawin – mein guter, strenger Nebenpapa

Mich persönlich prägen und korrigieren lassen

Herbert Dawin (1910–2010), CVJM-Sekretär und Buchautor, geboren in Herne, gestorben in Neumünster

Diesen Brief hätte ich aufheben sollen. Aber ich wollte wohl nicht. Oder er ist verloren gegangen. Jedenfalls finde ich ihn nirgendwo. Er hatte mich getroffen. Geärgert auch. Daran erinnere ich mich gut. Ich war 15 oder so, ich leitete in meinem CVJM in Lüdenscheid den Kreis der 15- bis 17-Jährigen und wusste, wie man Gleichaltrige und sogar Ältere begeistert, ich hatte meine ersten Lieder geschrieben und die ersten Fans um mich versammelt; beim Fußball und beim Handball war ich ein begehrter Torwart, in der Schule lief alles bestens, sodass ich von der Realschule aufs Gymnasium wechseln wollte – kurz: es lief. Ich war mit mir zufrieden. Dann hatte er mir geschrieben, Herbert Dawin, mein Jugendwart, mein lustiger und liebevoller, aber manchmal auch strenger „Nebenpapa". Er kannte mich seit meinem siebten Lebensjahr. Er hatte mich gefördert und gefordert und geprägt. Er hatte mich mit Jesus bekannt gemacht. Nun schrieb er, er mache sich Sorgen. Ging es mir noch um Jesus oder immer mehr um Jürgen? Er habe den Eindruck, dass ich von zwei Pferden in zwei unterschiedliche Richtungen gezogen würde. Welche Pferde und welche Richtungen er genannt hatte, weiß ich heute nicht mehr genau. Aber es muss wohl darum gegangen sein, dass mich ein Pferd zu Gott und ein anderes von ihm wegziehen würde.

Ich war empört. Nach ein paar Tagen habe ich ihm geantwortet, auch mit einem Brief. Nein-nein-nein, ich würde nicht von zwei Pferden gezogen, sondern nur von einem, und das hieße Jesus. Na ja, ich wär 15, da darf man ein bisschen einseitig und eingebildet und vollmundig schreiben.

Seinen Brief habe ich weggeworfen, vielleicht sogar verbrannt. Also so was!

Ich weiß nicht, wie es weitergegangen ist. Ob es noch ein Gespräch gegeben hat, vermutlich schon. Aber ich weiß, dass mir der Brief immer wieder einmal eingefallen ist. Bis heute. Und ich denke: Er hatte etwas Richtiges und Wichtiges erkannt. Auch Jesusleute verfolgen oft genug vor allem ihre eigene Agenda, verwirklichen ihre eigenen Vorstellungen, bauen an ihrem eigenen Denkmal. Das sieht zuweilen fromm aus, ist es aber nicht.

Auch wenn ich mich damals geärgert habe: Es war wohl der richtige Brief zur richtigen Zeit.

Ein paar Monate später habe ich zum ersten Mal den Evangelisten Klaus Vollmer gehört, live, und ich war von seiner Rhetorik begeistert. So wollte ich auch predigen können, und ich beschloss: Ich versuch's einfach! Am nächsten Freitag werde ich in der Jungenschaftsstunde eine Andacht halten wie er. Meine Jungs werden sich die Augen reiben und sagen: Du hast es wirklich drauf! Du bist genauso gut wie der Evangelist aus der Lüneburger Heide.

Der Freitag kam und ich hielt die Andacht meines Lebens. Fand ich. Fritz Krämer allerdings, unser neuer junger Jugendwart, verließ, während ich noch redete, den Raum. Hinterher sprach er mich zögernd an. „Was ich dir sagen möchte, wird dir nicht gefallen. Aber du hast heute dich selbst verkündigt, nicht Jesus!"

Das saß. Ich protestierte nicht. Er hatte mich ertappt.

Jesus oder Jürgen. Wie gut, dass es in dieser prägenden Lebensphase Menschen gab, die auf mich aufgepasst haben. Fritz Krämer und eben – Herbert Dawin.

Der hatte unseren CVJM gegründet und war die entscheidende Institution in diesem Verein, dessen Dreh- und Angelpunkt. Die unangefochtene Autorität. Alle nannten ihn „HeDa". Aber fast alle sagten „Sie" zum ihm. Auch für mich war er stets „Herr Dawin", klar.

Kennengelernt habe ich Herbert Dawin, als er zusammen mit anderen jungen Männern aus dem CVJM in unserer Schule eine Schulstunde gestaltete und anschließend zu einem Kreis einlud, der „Jungschar-Vortrupp" hieß. Es war halt alles noch ein bisschen militärisch organisiert und betitelt in den Fünfzigerjahren des letzten Jahrhunderts. Später wurde der Kreis in „Spielschar" umbenannt.

Ich ging hin. Und ich blieb. Denn erstens lag das Haus des CVJM quasi bei uns um die Ecke. Und zweitens hatte Herr Dawin mich fasziniert, vom ersten Moment an. Er war witzig und erfinderisch, er dachte sich immer neue Geschichten und Lieder aus, er konnte erzählen wie kein Zweiter und schlüpfte dabei in immer neue Rollen. Er konnte malen, er hatte sogar Bücher geschrieben, vor allem aber war er begeistert von Jesus. Alle hingen an seinen Lippen. Nicht nur ich. In meiner Generation gibt es in meiner Heimatstadt nur wenige, die nicht irgendwann einmal in seiner Jungschar waren.

Herbert Dawin hatte es damals ein bisschen leichter als heutige Jugendreferenten, klar. Niemand hatte einen Fernseher zu Hause. Und von Smartphones hat man nicht einmal träumen können. Aber die Faszination, die er auf uns ausübte, hatte nicht nur etwas mit mangelnder Konkurrenz zu tun. Viele Jahrzehnte später, als wir im ERF anfingen, Fernsehsendungen zu produzieren, habe ich zuweilen gedacht: „HeDa" hätte eine eigene Kindershow bekommen. Ganz sicher.

Es waren die Spielschar- und Jungscharstunden. Es waren auch die Sommerlager. Mit über einhundert Jungs irgendwo in den Bergen oder am Meer. Bibelarbeiten, Ausflüge, Bunte Abende, Lagerolympiade und eine Gespenstergeschichte zum Einschlafen. Drei Wochen für etwas über hundert Mark. Da konnten Eltern kaum Nein sagen. Manche von „HeDas" Sketchen kann ich bis heute so gut wie auswendig; die „Familie Schiefmaul" oder den „Kulissenschieber Meier" etwa. Es wurde gesungen und gegrölt, es wurde gelacht und gebetet. Und mancher hat in diesen drei Wochen Jesus sein Leben gegeben.

Herbert Dawin hat mich geprägt wie kaum ein anderer. Ohne ihn hätte ich den Glauben an Jesus wohl nicht entdeckt, ohne ihn hätte ich ihn vielleicht auch wieder verloren. Er liebte Jesus. Aber er liebte auch seine Jungs.

Nicht alle allerdings. Er hatte Lieblinge und Böslinge. Wenn du es dir mit ihm verdorben hattest, hattest du's schwer. Er war streng und zuweilen ungerecht. Er konnte schimpfen wie der berühmte Rohrspatz. Vor allem beim Autofahren in seinem förstergrünen VW Käfer oder beim Fußballgucken. Dann mahnte seine schwäbische Frau Paula zuweilen entrüstet: „Aber Herbert!!" Er war halt ein Kohlenpötter und hatte das Herz auf der Zunge.

Mädchen waren ihm immer ein bisschen suspekt. So passte er penibel auf, dass sich seine Jungs nicht allzu früh „verguckten". Er war überzeugt: Auch Mädchen können Pferde sein, die von Jesus wegziehen. Zusammen mit anderen jungen Christen aus der Stadt begannen wir Ende der Sechzigerjahre eine missionarische Teestubenarbeit in einem städtischen Beatkeller – es war die Zeit der Hippies und der Jesus-People. Da waren natürlich auch Mädchen und junge Frauen dabei. Unser „HeDa" fand das gar nicht gut. Nach jahrelangen Auseinandersetzungen beschlossen wir schweren Herzens, „unseren" CVJM zu verlassen und einen neuen Verein zu gründen. Dabei hätten wir ihn so gut gebrauchen können. Denn: Wohin mit all den jungen Leuten, die im Laufe der Jahre zum Glauben fanden? Dass viele von ihnen nicht geblieben sind, lag auch an der mangelnden Infrastruktur für das, was Christen zuweilen „Nacharbeit" nennen. Es wäre so hilfreich gewesen, hätte uns „HeDa" die Türen des Jugendheims geöffnet – aber er konnte nicht über seinen Schatten springen.

Und wir waren unserer Zeit voraus... Erst 1985 wurde aus dem „Christlichen Verein Junger *Männer*" ein „Christlicher Verein Junger Menschen". Herbert Dawin, inzwischen 75, konnte das natürlich so gar nicht mehr nachvollziehen.

Im Ruhestand ist er dann zu seiner Tochter und zu seinem Schwiegersohn in den Norden gezogen. 2010 ist er heimgegangen, im 100. Lebensjahr.

Nein, auch „HeDa" war kein makelloser Heiliger. Aber er hat ungezählte Segensspuren hinterlassen – auch in meinem Leben.

Immer wieder denke ich an den Brief, den er mir geschrieben hat, als ich 15 war. Und immer wieder spüre ich die Liebe und das tiefe seelsorgerische Anliegen, das ihn zum Schreiben dieser Zeilen bewogen hat. Damals war ich alles andere als begeistert. Heute würde ich seinen Brief gern noch einmal lesen. Doch eigentlich brauche ich das Papier nicht. „HeDa" hat mir seinen Brief ins Herz geschrieben.

Zum Weiterdenken

- Wer hat Sie in der Anfangszeit Ihres Glaubenslebens geprägt?
- Gibt es Menschen, die Sie korrigieren und auf Fehler hinweisen dürfen?

Paul Freed – der Vater des Evangeliums-Rundfunks

Von Visionären lernen, sich nicht aufhalten zu lassen

Dr. Paul E. Freed (1918–1996), Gründer und langjähriger Präsident von „Trans World Radio" (TWR), der Muttergesellschaft des „Evangeliums-Rundfunks", geboren in Palästina, gestorben in Cary, North Carolina.

Er war ein Visionär. Ein Pionier. Was auch heißt: Er war stur, ließ sich nicht so leicht beirren oder gar umstimmen und hatte zuweilen einen Tunnelblick. Mit ihm zusammenzuarbeiten war eine Herausforderung. Er ging anderen voraus, selten neben ihnen, nie hinter ihnen her. Aber vielleicht schaffen nur solche Menschen Außergewöhnliches.

Sein Außergewöhnliches hieß „Trans World Radio". Dieser Name war eine Provokation, denn es gab anfangs noch nicht einmal einen eigenen Sender, nur gemietete Sendezeit auf der Kurzwelle von „Radio Monte Carlo". Aber schon das war ein Wunder gewesen …

Dr. Paul E. Freed war Missionarskind, im damaligen Palästina geboren. Mission war seine Leidenschaft: die Gute Nachricht von Gottes grenzenloser Liebe möglichst vielen Menschen weitersagen. Nach Studium und Promotion besuchte er 1948 eine internationale Konferenz der „Jugend-für Christus"-Bewegung im schweizerischen Beatenberg. Dort traf er auch Bill Bright, den späteren Gründer von „Campus Crusade for Christ", und Billy Graham wieder. Alle waren Ende zwanzig, Anfang dreißig. Es ging um die Frage, wie man die Welt mit dem Evangelium erreichen könnte, vor allem auch Europa, das unter den Folgen des Zweiten Weltkriegs litt und unter allen damit verbundenen äußeren und inneren Zerstörungen. Zwei Spanier gehörten auch zu den Delegierten der Konferenz. Sie baten dringend darum, ihnen bei der Verbreitung des Evangeliums zu helfen. Aber wie sollte das gehen? Freed ließ diese Bitte nicht mehr los. Er flog nach Spanien und fand die einzig mögliche Lösung: „Nichts konnte das Land über Berg und über Tal von Madrid im Inland bis Cádiz an der Küste so umfassend erreichen wie das Radio. Außer der Idee hatte ich aber auch rein gar nichts! Es fehlte jede finanzielle Grundlage. Kein Plan war da, und ich hatte keine blasse Ahnung, wie man so ein Unternehmen angehen könnte."

Ein paar Jahre später, 1954, konnte er zusammen mit seinem Vater Ralph einen kleinen Kurzwellensender im marokkanischen Tanger errichten. „The Voice of Tangier", die „Stimme von Tanger". Sie sollte das Evangelium ins benachbarte Spanien senden. Vor allem dorthin. Aber schon bald kamen auch Hörerzuschriften aus Nordafrika und aus West- und Osteuropa.

Kurzwelle? Moment, was war das noch einmal? Es war damals schlicht die einzige Möglichkeit, Radioprogramme über weite Distanzen zu transportieren. Und mancher saß, vor allem nachts, am Regler seines Radios, drehte ihn sanft durch einen rauschenden, knarzenden und fiependen Geräuschbrei und stoppte jäh, wenn er eine menschliche Stimme vernahm.

Das hatte mancher schon im Zweiten Weltkrieg ausprobiert, wenn er hören wollte, was „die anderen" über die aktuelle Lage zu berichten hatten. Kurzwelle war in gewisser Weise das Internet der Fünfzigerjahre, also ein hochmodernes Kommunikationsmittel. Man muss das wissen, um Freed nicht für einen verschrobenen Nostalgiker zu halten. Er war nicht nur auf der Höhe der Zeit, er war ihr voraus.

Doch dann kam das jähe Ende: 1959 wurde die Anlage in Tanger verstaatlicht, nachdem Marokko die Unabhängigkeit erreicht hatte. So standen die Freeds plötzlich ohne Sender da. Was tun? Es gab damals zwei große internationale Sendeanstalten, die Sendezeit vermieteten. Die eine war „Radio Luxemburg", die andere „Radio Monte Carlo". Und genau zu den Verantwortlichen dieses Senders fuhr Freed. Allerdings hatte „Radio Monte Carlo" keine geeigneten Kurzwellenanlagen. „Kein Problem", sagten die Verantwortlichen, „wir bauen das für Sie. Wenn Sie's bezahlen." Kosten: Rund 2,5 Millionen Mark, zahlbar in vier Raten innerhalb eines Jahres. Und: Wenn eine Rate verspätet gezahlt werden würde, wäre alles bis dahin eingezahlte Geld verloren.

Klar, man wollte sich absichern. Ein mittelloser amerikanischer Missionar und sein alter Vater waren keine allzu attraktiven Geschäftspartner.

Doch Paul Freed ließ sich nicht schrecken. Er unterschrieb und machte sich zusammen mit seinem Vater sofort auf die Suche nach Partnern und Sponsoren in seiner Heimat USA und in Europa. Einer von ihnen war Hermann Schulte, Verleger aus Wetzlar. Der hatte schon deutschsprachige Sendungen für die „Stimme von Tanger" produzieren lassen. Er gründete zusammen mit sieben Männern und Frauen aus Deutschland, Österreich und der Schweiz den Verein „Evangeliums-Rundfunk", um mitzuhelfen, das Unmögliche möglich zu machen.

Es war ein Vabanquespiel, auf das sich heute wohl kaum noch jemand einlassen würde. Aber Freed war kein Spieler. Er war überzeugt: Das ist Gottes Auftrag. Und er wird sich um die Finanzierung kümmern.

Ich will's kurz machen: Jede Rate konnte pünktlich bezahlt werden. Manchmal erst im allerletzten Moment. Einmal kam kurz vor Ablauf der Frist eine Spende, die exakt die noch vorhandene Lücke füllte. Ein anderes Mal änderte sich in der letzten Stunde der Wechselkurs zwischen Dollar und Franc zugunsten des großen Projekts.

Ich habe diese Geschichte schon oft erzählt – und hatte jedes Mal eine Gänsehaut dabei. Viele Jahre später trug ich ja die Hauptverantwortung für den damals gegründeten „Evangeliums-Rundfunk", und ich habe mich immer wieder gefragt, ob ich oder unsere Aufsichtsgremien auch heute noch bereit wären, solch ein unglaublich hohes Risiko einzugehen. Ob unser Glaube ausreichen würde. Fast immer musste ich sagen: Wohl kaum. Klar, auch wir haben gewagt, was man ohne Gottvertrauen wohl kaum wagen würde – aber diese Wagnisse waren überschaubarer. Und wir hatten uns immer so gut wie möglich abgesichert. Juristisch und finanziell.

Ich habe Paul Freed zum ersten Mal 1973 getroffen. Das war bei einer TWR-Konferenz in Monte Carlo. Da war er längst eine Legende. „Founder and President of Trans World Radio", Gründer und Präsident von „Trans World Radio". Und seine Organisation trug ihren Namen mittlerweile schon beinahe zu Recht. Schließlich sendete TWR da schon in rund vierzig Sprachen, und das nicht nur in Europa, sondern auch in Lateinamerika – über einen Sender auf der Karibikinsel Bonaire.

Ich war ein blutjunger Redakteur, gerade erst von der „Westfälischen Rundschau" nach Wetzlar gekommen. Paul Freed nahm mich wahr und wohl auch ein bisschen ernst. Ich bewunderte ihn, allerdings auch wieder nicht zu sehr, denn die Geschichte von TWR war mir da noch nicht allzu vertraut. Aber dieser TWR-Präsident irritierte mich auch. Ich erinnere mich an ein Abendessen in einem kleinen Restaurant. Überall standen, klar, Weinflaschen auf dem Tisch. Freed, ganz abstinenter evangelikaler Amerikaner, ließ den Ober rufen, erklärte ihm, dass man den Wein nicht bestellt habe und ohnehin nicht vorhabe, irgendwelchen Alkohol zu trinken, und ließ die Flaschen abräumen. Das fand ich ausgesprochen schräg und ich habe mich ein bisschen geschämt.

Viele Jahre später hatten mein Vorstandskollege Ulrich Rüsch und ich Paul Freed privat zu Besuch. Meine Frau hatte als Nachtisch Tiramisu gemacht. Unser Gast war restlos begeistert und fragte immer wieder nach dem Rezept. Das müsse seine Frau Betty Jane zu Hause auch einmal machen. Wir drucksten herum. Denn Tiramisu ohne Alkohol ist ja kein richtiges Tiramisu. Sollten wir ihm das Rezept mit oder eher eine Variante ohne Alkohol geben? Ich glaube, wir haben uns damals für Variante zwei entschieden, auf die Gefahr hin, dass der Nachtisch in den USA dann anders schmecken würde als bei uns. Allerdings war die Gefahr nicht allzu groß, dass sich Betty Jane daranmachen würde – sie stand nicht gerne in der Küche …

Immer, auch bei solchen privaten Treffen, war Paul Freed „Dr. Freed", niemals Paul. Eigentlich spricht man sich in den USA ja nur mit dem Vornamen an. Aber es gibt kleine feine Unterschiede, die man beachten sollte. Umso stolzer war ich, als er mir irgendwann eines seiner Bücher so signierte: „Your friend in Christ Paul. E. Freed", dein Freund in Christus. „Friend" nannte er damals nur wenige Auserwählte.

Visionäre brauchen Menschen, die ihre Visionen verstehen und umsetzen. „Ein Leiter, das ist einer, der die anderen unendlich nötig hat", schrieb der französische Schriftsteller und Pilot Antoine de Saint Exupéry einmal.

Aber ein Leiter und ein Visionär sein – das sind zwei Paar Schuhe. Horst Marquardt, mein Vorgänger im ERF, war ebenfalls ein Visionär, ein Pionier. Visionäre dulden niemand neben, geschweige denn über sich. Marquardt hat denn auch tapfer dafür gekämpft, dass „sein" Evangeliums-Rundfunk nicht der „deutschsprachige Zweig" von TWR blieb, sondern der „deutschsprachige Partner" wurde. Das war auch berechtigt. Denn viele Menschen und Mittel für die internationale Radioarbeit kamen aus Deutschland, Österreich und der Schweiz. Horst Marquardt sagte zuweilen: „Wir wollen nicht nur zahlen, sondern auch mitreden und mitentscheiden können." Es ist wohl wenig überraschend, dass Freed und Marquardt niemals ziemlich beste Freunde wurden ...

Viele Jahre habe ich zum Internationalen Vorstand von TWR gehört. An eine Sitzung denke ich bis heute. Es war im Jahr 1996. Dr. Freed lag im Sterben – als er uns plötzlich mitten in der Sitzung anrief. Der damalige Präsident ging aus dem Zimmer, um mit ihm zu sprechen. Als er wiederkam, sagte er stockend: „Nun beginnt er zu fantasieren. Er hat mir gesagt, er wolle noch einmal eine große Kreuzfahrt unternehmen und dabei möglichst viele Häfen auf der Welt anlaufen und dort so viele Menschen wie möglich an Bord nehmen. Wir sollen das bitte beschließen und organisieren."

Nach einer kurzen Verblüffungspause musste ich denken: Nein, er fantasiert nicht. Er erzählt uns die Geschichte seines Lebens. „Trans World Radio" war sein Kreuzfahrtschiff, ein „Schiff, das sich Gemeinde nennt", mit ihm hat er fast alle Häfen dieser Welt angefahren und dann so viele Menschen wie möglich an Bord genommen. Menschen, die dort nicht in erster Linie ihn oder seine Organisation kennenlernen sollten, sondern den eigentlichen Kapitän des Schiffes: Jesus Christus. Menschen in aller Welt haben auf diesem Schiff entdeckt, dass nur Christus der Weg, die Wahrheit und das Leben ist, haben durch ihn Gott gefunden und damit ewiges Leben. Ich freue mich schon heute auf die große himmlische Versammlung, in der all diese Menschen zusammenkommen werden.

Übrigens: „Trans World Radio" trägt heute seinen Namen mit vollem Recht: Jedes Jahr werden über 275.000 Sendestunden in über 230 Sprachen produziert und ausgestrahlt. Rund vier Milliarden Menschen können die Programme hören, natürlich längst auch über Satelliten und das Internet. All das ist möglich geworden, weil ein amerikanischer Missionar groß gedacht, geträumt und geglaubt hat. Weil er sich nicht hat beirren lassen von Bedenken und Zweifeln.

Ich denke immer wieder daran, wenn mir die Hürden, die in meinen Weg gestellt worden sind, unüberwindbar

scheinen. Es geht, wenn Gott will. Oder wie es im Lukas-
evangelium heißt: „Was bei den Menschen unmöglich ist,
das ist bei Gott möglich" (Lukas 18,27).

Zum Weiterdenken

- Gibt es eine Person, die groß denkt – und die Sie inspi-
  rierend finden?
- Lassen Sie sich von Hindernissen auf Ihrem Weg eher
  aufhalten oder anspornen?
- Gibt es etwas, das Sie angehen würden, aber der Mut
  und/oder die Möglichkeiten fehlen Ihnen? Wer oder
  was könnte Ihnen weiterhelfen?

Der Jünger Thomas

Zweifeln erlaubt!

Thomas, Jünger, genannt „Zwilling" oder „Zweifler", Apostel der Inder.

Je älter ich werde, desto näher kommst du mir, Thomas, Zwilling, Zweifler. Du hast dich nicht zufriedengegeben mit dem, was die anderen erzählt haben. Du warst nicht dabei gewesen, als der Auferstandene die Jünger in ihrer verschlossenen Welt besucht hat. Und du hast angezweifelt, was sie dir danach erzählt haben. Du wolltest es selbst erfahren, be-greifen. Man hat dich „den Zweifler" genannt, man nennt und kennt dich so bis heute, und man hat dich dadurch ein bisschen diskreditiert. Hier die guten Glaubenden, da der böse Zweifler. Aber vielleicht wolltest du nur mehr als die anderen. Der Glaube lebt ja nicht vom Hörensagen und einem ergebenen Fürwahrhalten. Der Glaube will selbst wissen, selbst erfahren. Er wacht auf in der persönlichen Begegnung. Und die hat dir der Auferstandene nicht nur gewährt, er hat sie dir geschenkt.

Gut, dass du nachgefragt hast!

Ich frage auch. Je länger ich als Christ unterwegs bin, desto häufiger. So vieles verstehe ich nicht. So vieles wird mir immer fremder statt vertrauter. Wo bist du, Gott, in den Katastrophen dieser Welt? Wo bist du in den Katastrophen des Lebens? Wie kannst du aushalten, was Menschen auszuhalten haben? Bist du am Ende doch nur eine Fiktion? Eine Projektion unserer Ängste und Sehnsüchte?

Ja, ich kenne die vertrauten Antworten, die über Jahrhunderte gewachsen sind. Zuweilen habe ich sie mir selbst ausgeliehen. Aber sie stellen mein Herz nicht zufrieden. Sie beruhigen die Seele nicht. Zumindest nicht auf die Dauer. Was, wenn wir uns die Sache mit Gott nur eingebildet haben? Wenn wir sie uns haben einreden lassen? Was, wenn der Himmel leer ist?

Je älter ich werde, je bedrohlicher das Leben wird, desto bohrender werden diese Fragen. Ich bin sicher, du verstehst das, Thomas. Und auch du, Jesus.

Darf man solche Fragen überhaupt haben? Darf man sie gar stellen? Leise oder laut aussprechen?

Ein Freund, dessen Körper vom Krebs aufgefressen wurde und den ich aus der Ferne ein wenig durchs Sterben begleitet habe, hat mir einmal zugeraunt: „Manchmal kann ich selber nicht mehr glauben, was ich vierzig Jahre lang gepredigt habe." Um dann hinzuzufügen: „Das darf ich den meisten nicht sagen. Ich sag's nur dir."

Wie gut ich ihn verstehen konnte! Was werde ich noch glauben können, wenn nichts mehr so ist, wie ich es mir wünsche? Wenn alles nur noch immer schlimmer wird? Und wenn man dann nicht einmal seine Zweifel herausschreien darf?

Ich lese die Geschichte von Hiob. Im geheimnisvollen Prolog im Himmel rühmt Gott die Rechtschaffenheit, das Vertrauen, den Glauben von Hiob. Und der Satan, Gottes Gegenspieler, antwortet süffisant: „Meinst du, dass Hiob sich umsonst an Gott hält? Du bist es doch, der ihn rundum beschützt – sein Haus und alles, was ihm gehört. Du segnest die Arbeit seiner Hände. Sein Besitz wächst im Land. Aber strecke doch einmal die Hand aus und nimm ihm alles weg, was er hat! Dann wird er dir ins Gesicht fluchen!" (Hiob 1,9–11; Basisbibel). Ich frage: Glaube ich eigentlich „umsonst" an Gott? Oder tue ich's nicht auch vor allem deshalb, weil Gott meinen Glauben mit seinen Wohltaten „belohnt", mit Schutz und Segen und Glück und Gesundheit und Erfolg und Wohlergehen? Wie viel Glaube bleibt, wenn das alles ausbleibt? Wenn meine Hände zu schlaff, meine Gebete zu glaubenslos, meine Bekenntnisse zu leblos werden, kann ich nur darauf vertrauen, dass andere an meiner Stelle glauben, an meiner Stelle für mich beten.

Neulich, im Sonntagmorgengottesdienst, hat mich das neu berührt: Ich spreche das Glaubensbekenntnis nicht allein. Vor, hinter mir und neben mir sprechen es andere mit: „Ich glaube an Gott, den Vater, den Allmächtigen, den Schöpfer des Himmels und der Erde. Und an Jesus Christus, seinen eingeborenen Sohn, unseren Herrn …" Und ich bete im Chor: „Vater unser", nicht „Vater mein …" Mitglaubende, Für-mich-Mitglaubende geben Halt, bannen die Zweifel und helfen mir, an Gott festzuhalten, auch wenn ich gerade so gar nichts davon „habe", wenn er meinen Erwartungen nicht entspricht, wenn er seine fremde dunkle Seite zeigt.

Wie wunderbar, dass auch er, Jesus, an meiner Seite bleibt und, wenn's nötig wird, an meiner Stelle glaubt und für mich betet. Seinem Freund Petrus versicherte er: „Ich habe für dich gebetet, dass dein Glaube nicht aufhört" (Lukas 22,32; Basisbibel).

In einem Liedtext habe ich das so formuliert:

Und ist mein Glaube noch so klein,
Von jedem kalten Wind bedroht –
Bei dir muss er nicht größer sein.
Wie gut!

Ich halt den kleinen Glauben fest.
Du hast es mir ja zugesagt,
Dass du mich niemals fallen lässt.
Mein Gott!

Ich lege alle Fragen an dein Herz.
Die Zweifel und Bedenken an dein Herz.

Da ist nicht viel Vertrauen,
Nicht zu dir und nicht zu mir.
Doch was klein ist,
wächst in deiner großen Hand.

Und ist mein Glaube noch so klein,
Von jedem Augenschein bedroht –
Bei dir muss er nicht größer sein.
Wie gut!

Du hältst den kleinen Glauben fest.
Du schützt ihn in der rauen Zeit.
Und bleibt auch nur ein kleiner Rest.
Das reicht!

Ich leg die Angst vor morgen an dein Herz.
Den Kummer und die Sorgen an dein Herz.
Ich möchte dir vertrau'n,

hab schon so viel mit dir erlebt.
Und was klein ist,
wächst in deiner großen Hand.

Ist unser Glaube noch so klein,
Von jedem kalten Wind bedroht –
Bei dir muss er nicht größer sein.
Wie gut!

Gehalten halten wir einander fest.
Denn du hast es uns zugesagt,
Dass du uns niemals fallen lässt.
Amen!

Zum Glück lebe ich nicht allein. Zum Glück glaube ich nicht allein. Zum Glück gibt es die anderen. Wie bei Thomas.

Wie gut, dass seine Geschichte im Neuen Testament steht. Wie so viele anderen Geschichten auch. Wie gut, dass wir uns nicht an unerschütterlichen Glaubenshelden messen müssen.

Thomas nennen wir den Zweifler. Dabei war er bei Weitem nicht der einzige. Jesus bedingungslos zu vertrauen, ist auch seinen Mitjüngern nicht leichtgefallen. Hilft ein schlafender Jesus im Boot gegen Sturm und Wellengang? Reichen zwei Fische und fünf Brote für über 5.000 Menschen? Kann ein Gekreuzigter jemals zurückkehren ins Leben? Manche der Jünger haben sogar noch ganz am Ende gezweifelt, nach der Auferstehung. Matthäus notiert am Schluss seines Evangeliums: „Die elf Jünger gingen nach Galiläa. Sie stiegen auf den Berg, wohin Jesus sie bestellt hatte. Als sie Jesus sahen, fielen sie vor ihm nieder. Aber einige hatten auch Zweifel" (Matthäus 28,16–17; Basisbibel).

Zweifeln ist menschlich. Zweifeln muss sogar sein. Zweifeln, infrage stellen, hinterfragen. Zweifler wollen es genau wissen. Zweifler nehmen nicht einfach alles hin, was sie vorfinden. Zweifler fragen, ob es nicht auch anders sein, anders gehen könnte. Zweifler halten die Welt in Bewegung. Erfinder und Entdecker sind zunächst immer Zweifler. Bewahrer finden sich ab, bleiben zu Hause.

Aber Zweifler müssen lernen, auch an ihren Zweifeln zu zweifeln. Wer in seinen Zweifeln verharrt, wer sie gar als Überzeugung selbstsicher vor sich herträgt, ist eigentlich ein Bewahrer.

Zweifler haben durchdacht, durchlebt und durchlitten, was sie später glauben. Vielleicht ist ohnehin nur der Glaube krisenfest, der immer wieder durch Phasen des Zweifels muss. Vielleicht versetzt nur solcher Glaube Berge. Thomas jedenfalls entwickelt später von allen Jüngern den weitesten Aktionsradius. Man sagt, er sei als Missionar bis nach Indien gereist. Indische Christen nennen Thomas „ihren" Apostel.

Wie aber ist aus dem zweifelnden Thomas der mutige Missionar geworden? Durch die Begegnung mit Jesus. Tatsächlich kommt der noch einmal extra und persönlich zu Thomas. Und der braucht auf einmal keine Beweise mehr. Jesus ist da. Ist für Thomas da. Das genügt. Und ich will Jesus auch immer wieder bitten, in meine Fragen und Zweifel hineinzukommen. Und wenn ich das selbst nicht mehr kann, will ich andere bitten, es an meiner Stelle zu tun.

„Selig sind, die nicht sehen und doch glauben!", sagt Jesus. Das will wohl auch heißen: Selig sind, die keine

Beweise in der Hand haben und sich mir doch mit Haut und Haaren anvertrauen. Die mir immer neu erlauben, in ihre Zweifel zu platzen.

Übrigens: Thomas steht in unserem Wohnzimmer. Vor ein paar Jahren haben wir die Skulptur „Das Wiedersehen" von Ernst Barlach entdeckt. Unsere kleine Bronzefigur, eine Kopie des Originals, zeigt einen geknickten und gekrümmten Thomas, dessen Zweifel vor der Wirklichkeit des Auferstandenen kapitulieren und verstummen müssen. Jesus belehrt ihn nicht von oben herab. Er greift ihm unter die Arme, hält ihn fest, zieht ihn nach oben und fleht ihn geradezu an, ihm in die Augen zu sehen, als wollte er sagen: „Ich verstehe deine Zweifel. Aber nun bin ich doch da, und alles ist gut."

So will Jesus auch immer wieder vor mir stehen, mir unter die Arme greifen, mich auf Augenhöhe ziehen. Ich darf zweifeln. Aber noch mehr darf ich glauben, was ja nichts anderes ist als mich ihm anvertrauen.

Zweifel überwindet man nicht durch Beweise. Zweifel überwindet man durch Begegnung.

Zum Weiterdenken

- Mit welchen Zweifeln haben Sie gerade zu kämpfen?
- Wo wünschen Sie sich eine tiefe Begegnung mit Jesus?

Martin Luther

Alles durch Christus – lernen, was unverdiente Gnade ist

Dr. Martin Luther, Theologe, Reformator (1483–1546), geboren und gestorben in Eisleben.

Als ich vier war, zogen wir in die Lutherstraße. Das war einerseits schön, denn wir bekamen eine größere Neubauwohnung, aber es war auch schwer, denn ich vermisste die kleine vertraute Altbauwohnung in der Grabenstraße mit Oma und Opa direkt nebenan.

Lutherstraße. Die hieß einfach so. Mehr interessierte mich nicht. Damals. Heute freue ich mich, dass es diese Adresse in meiner Vita gibt. Denn der Namensgeber unserer Straße gehört zweifellos zu den Menschen, die meinen Blick auf Gott am nachhaltigsten beeinflusst haben.

Ich wurde „lutherisch" getauft, als ich erst ein paar Wochen alt war. Ich wusste lange nicht, was da eigentlich geschehen war. Ich habe vermutet, wie die meisten, dass ich da meinen Namen bekommen habe. Später habe ich gelernt: Menschen werden auf einen ganz anderen Namen getauft, „auf den Namen des Vaters und des Sohnes und des Heiligen Geistes". Sie tragen also künftig den Namen des dreieinigen Gottes und werden symbolisch hineingetaucht in seine Familie, in seinen Wirkungsbereich, seine Liebe, seine Barmherzigkeit, sein ewiges Leben. Gottes Ja steht jetzt über ihrem Leben. So hat Jesus das in seinem Missionsbefehl ja auch formuliert: „Darum gehet hin und lehret alle Völker. Taufet sie auf den Namen des Vaters und des Sohnes und des Heiligen Geistes!" (Matthäus 8,17).

Aber sind damit auch Kinder gemeint? Darüber streiten Christen seit vielen Generationen. Ich sage vorsichtig: Ja, auch Kinder. Denn in den ersten Jahrhunderten wurden immer wieder ganze Familien getauft. Doch muss man das nicht selbst wollen – getauft werden? Hier kommt für mich zum ersten Mal Martin Luther ins Spiel. Der Theologe spricht von Gottes „vorlaufender Gnade", von gratia praeveniens. Heißt: Gott sagt Ja zu mir, bevor ich auch nur irgendetwas sagen kann. Er entscheidet sich für mich, lange bevor ich mich für ihn entscheiden kann. Er kommt mir immer zuvor. Das ist ein wichtiges Motiv meines Glaubens geworden. Gott handelt zuerst; mein Handeln, auch meine Entscheidung für ihn, ist immer nur eine Reaktion.

Für Luther ist die Taufe ohnehin kein einmaliger Akt. Sie findet jeden Tag statt. Im Kleinen Katechismus, seinem konzentrierten Lehrbuch des Glaubens, hat er das so gesagt: „Es bedeutet, dass der alte Adam in uns durch tägliche Reue und Buße soll ersäuft werden und sterben mit allen Sünden und bösen Lüsten; und wiederum täglich herauskommen und auferstehen ein neuer Mensch, der in Gerechtigkeit und Reinheit vor Gott ewiglich lebe." Jeden Tag kann ein neues Leben beginnen. „All Morgen ist ganz frisch und neu des Herren Gnad und große Treu", so hat es der Konstanzer Reformator Johannes Zwick 1541 gedichtet.

Das alles aber musste ich auch erst einmal entdecken. In den ersten Jahren meiner Bekanntschaft mit dem christlichen Glauben war mir Gott eher als der Fordernde begegnet. Er wollte, dass ich anständig lebe, meine Eltern achte, ehrlich und fleißig, brav und zuverlässig bin, nicht abschreibe in der Schule, möglichst jeden Tag in seinem Wort lese und regelmäßig bete. Dann, davon war ich überzeugt, würde er mit Wohltaten reagieren. Manchmal, wenn etwas nicht so gelaufen war, wie ich mir das vorgestellt hatte, habe ich gefragt, ob das wohl die Strafe dafür war, dass ich seit vielleicht zwei oder drei Tagen keine „Stille Zeit" gemacht hatte. Es hat gedauert, bis ich entdeckt habe: Gott ist auf das, was ich zustande bringe, nicht angewiesen. Am Anfang steht immer Gottes Gnade. An die will ich glauben, an die will ich mich klammern. Ich halte mich nicht an das, was ich selbst tue oder glaube, ich werde gehalten von seiner Gnade. Es ist Gnade „durch Jesus Christus" – diese Formel gebraucht Luther immer wieder. Will sagen: Gott ist nicht einfach so gnädig. Nur in und durch Jesus ist er gnädig. Nur weil Christus gestorben und auferstanden ist, kann ich ewig leben. Er steht vor mir. Gott sieht mich wie durch seinen Sohn hindurch. Und auch ich sehe ihn, den Vater, wie durch den Gekreuzigten und Auferstandenen hindurch. Deswegen bekreuzigen sich viele Christen. Ich tue es auch immer wieder. An Gottes Gnade in Christus will ich glauben. Das ist Glauben. Zunächst einmal nur das.

Martin Luther machte diese weltumstürzende Entdeckung 1512 in seinem Arbeitszimmer im Turm des Schwarzen Klosters in Wittenberg. Er brütete gerade für eine neue Vorlesungsreihe über einem Text aus dem Römerbrief und kämpfte wieder einmal mit dem Begriff „Gottes Gerechtigkeit". Als er plötzlich den entscheidenden Vers bei Paulus entdeckte und ihn auf einmal ganz und gar anders verstand als bisher – und als ihn die Gelehrten seiner Zeit verstanden und verkündigt haben. Römer 1, Vers 17. Martin Luther hat diesen Vers später so übersetzt: „Denn darin wird offenbar die Gerechtigkeit, die bei Gott gilt, welche kommt aus dem Glauben in Glauben; wie denn geschrieben steht: Der Gerechte wird aus dem Glauben leben."

Er schreibt: „Da fühlte ich mich wie ganz und gar neu geboren, und durch offene Tore trat ich in das Paradies selbst ein. Da zeigte mir die ganze Heilige Schrift ein völlig anderes Gesicht. Ich ging die Schrift durch, soweit ich sie im Gedächtnis hatte, und fand auch bei anderen Worten das Gleiche, zum Beispiel ‚Werk Gottes' bedeutet das

Werk, das Gott in uns wirkt … Mit so großem Hass, wie ich zuvor das Wort ‚Gerechtigkeit Gottes‘ gehasst hatte, mit so großer Liebe hielt ich jetzt dieses Wort als das allerliebste hoch. So ist für mich diese Stelle des Paulus in der Tat die Pforte in das Paradies gewesen."

Keine Werke, keine guten Taten, nicht das Einhalten von Gesetzen lassen uns dem Höllenfeuer entkommen, es ist der Glaube an die Barmherzigkeit Gottes in und durch Christus. Alles, was du tun musst, ist, ihm das zu glauben und dich ihm anzuvertrauen.

Diese Erkenntnis war der Beginn der Reformation.

Und der Beginn meines Lebens mit ihm.

Zum Reformationsjubiläum 2017 habe ich zusammen mit Siegfried Fietz das Luther-Musical „Bruder Martinus" geschrieben. Die wesentlichen Erkenntnisse, die später in den vierfachen „Soli" zusammengefasst wurden, beschreibt der folgende Liedtext so:

Sola fide – nur der Glaube an den einen: Gottes Sohn
Solus Christus, er alleine ist die Gnade in Person
Und die Schrift erzählt davon

Solus Christus – Gottes ausgestreckte Hand in diese Welt
Solus Christus – der uns jetzt und alle Zeiten hört und
hält
Einzig Christus – ist das Leben und die Wahrheit und der
Weg
Einzig Christus – Gottes ewiger Barmherzigkeitsbeleg

Sola gratia – nur die Gnade, unbezahlt und unverdient
Sola gratia – weil der Sohn am Kreuz für unsre Sünden
sühnt
Nur die Gnade – steigt herab und läuft uns nach und hält
uns aus
Nur die Gnade – lockt aus irdischer Verlorenheit nach
Haus

Sola fide – nur wer treu an Christus glaubt wird Gott
gerecht
Sola fide – Glauben heißt: ich gebe Gott das Sorgerecht
Nur der Glaube – sieht den Vater, er nimmt uns als Kinder
auf
Nur der Glaube – seine Türen gehen nur von innen auf

Sola scriptura – nur die Schrift, die Botschaft aus der
Ewigkeit
Sola Scriptura – Gottes Mittel gegen die Vergesslichkeit
Nur die Bibel – Himmelsworte, lesbar, lebbar Tag und Nacht
Nur die Bibel – Gottes Wille für uns auf den Punkt gebracht

Sola fide – nur der Glaube an den einen: Gottes Sohn
Solus Christus, er alleine ist die Gnade in Person
Und die Schrift erzählt davon

Aus: Bruder Martinus, Martin-Luther-Musical
Text: Jürgen Werth; Musik: Siegfried Fietz
© 2012 ABAKUS Musik Barbara Fietz, Greifenstein, ABAKUSmusik.de

Ob ich Lutheraner bin? Darauf antworte ich: Luther selbst hat sich schon zu Lebzeiten energisch gegen diesen Begriff gewehrt: „Ich bitte, man wollt meines Namens geschweigen und sich nicht lutherisch, sondern Christen heißen. Was ist Luther? Ist doch die Lehre nicht mein. So bin ich auch für niemand gekreuzigt. Wie käme denn ich armer stinkender Madensack dazu, dass man die Kinder Christi sollte mit meinem heillosen Namen nennen? Nicht also, liebe Freunde, lasst uns tilgen die parteiischen Namen und Christen heißen, des Lehre wir haben."[8]

Nein, es ist nicht nur seine Lehre, die mich geprägt hat. Es ist auch sein derber Humor. Seine Selbstironie. Seine Leidenschaft. Seine Liebe zu Gott und den Menschen. Und es sind auch seine Anfechtungen und Verzweiflungen. Seine Irrungen und Wirrungen. Seine cholerischen Ausfälle und seine Reue. Es ist die ganze Fülle des Lebens und des Glaubens. Luthers Leben ist das Leben eines – Menschen. So endet jedenfalls der Fragment gebliebene letzte Roman von Jochen Klepper über Martin und Katharina Luther: „Doktor Martinus ist ein Mensch.[...] Ja, ein Mensch."

Der große Reformator selbst hat einmal geschrieben, dass ihn die Schwächen und damit die Menschlichkeit der Heiligen stärker trösten würden als all ihre großen Taten und Worte. Und genau das sage ich heute über ihn.

Diesen Menschen Martin Luther wollte ich auch in meinem Musical zeigen. Den Menschen, der sich in seinem Eifer für das Evangelium beinahe verzehrt. Dem die

Reformation aus dem Ruder läuft, dem alles über den Kopf wächst. Der sich in die aus dem Kloster Marienthron in Nimbschen geflohene Nonne Katharina von Bora verliebt und sie heiratet. Der abgrundtief zweifelt und verzweifelt, als zwei seiner Kinder sterben. Der zuweilen an allem zweifelt, was er gesagt und geschrieben hat. Der von Darmkrämpfen und Depressionen geschüttelt wird. Und der am Ende seines Lebens auf einen Zettel die Worte kritzelt: „Wir sind Bettler. Das ist wahr." Kein Held. Ein Mensch, ein auf Gnade von Gott und Menschen angewiesener Mensch.

Luther wäre wohl verloren gewesen ohne die Menschen an seiner Seite. Philipp Melanchton, sein theologischer Sparringspartner, war so einer; Lucas Cranach, sein Verleger, war es und zuallererst und immer wieder seine Frau Katharina. Sie ist die Konstante seines Lebens. Sie hält Haus und Hof und Küche und – insgeheim – auch die junge Kirche zusammen. Und ist nebenbei die Seelsorgerin ihres von Leidenschaften und Depressionen geschüttelten Mannes. Zuweilen muss sie ihn sogar an das Evangelium erinnern, dass er doch selbst für so viele Menschen zugänglich gemacht hat. Einmal, als ihr Doktor Martinus wieder sehr deprimiert ist, weil sich Kirche und Welt so ganz und gar anders entwickeln, als er sich das vorgestellt hatte, zieht sie Trauerkleider an und betritt so sein Studierzimmer. Luther schreckt auf und fragt ängstlich, ob jemand gestorben ist. Darauf Katharina augenzwinkernd: „Der Herr Christus muss wohl ein zweites

Mal gestorben sein, sonst könntet Ihr nicht so bekümmert sein."

Im Sommer 1545, ein Jahr vor seinem Tod, schreibt er ihr einen rührenden Liebesbrief:

Meinem freundlichen, lieben Herrn, Frau Katherinen Lutherin von Bora, Doktorin, Predigerin, Brauerin, Gärtnerin, und was sie mehr sein kann. Gnade und Friede, liebe Käthe. Wie reich hat mich Gott beschenkt. Nicht mit irdischen Gütern, nicht mit Geld und Land und Hausrat. Denn wenn ich in der Welt nichts hätte, besäße ich doch den größten Reichtum. Meine Frau und meine Kinder. Lieber möchte ich selbst sterben, als jemals wieder erleben zu müssen, dass eines meiner Kinder oder meine gute Frau sterben, denn ich liebe Euch mehr als mich selbst. Du, Katharina, wurdest mir von Gott gesandt, zum Vorbild und zum Wegweiser. Dein Glaube wurzelt tief im Leben. Deine tätige Liebe trägt reiche Früchte. Was du für mich getan hast, und für die Kinder, darin steckt mehr Glaube als in jedem Gebet. Andere beten um Gottes Hilfe. Du aber bist Gottes Hilfe. In Liebe, dein Martinus Luther.[9]

Einen solchen Liebesbrief werde ich meiner Frau auch einmal schreiben. Oder habe ich schon?

Besonders nahe war ich meinem „Bruder Martinus" bei jeder Produktion unserer Talksendung „Wartburg-Gespräche" für das Fernsehprogramm des ERF. Da saß er unsichtbar immer mit am Tisch, wenn wir über aktuelle Zeitfragen diskutierten. Bei den Zuschauerinnen und Zuschauern verabschiedet habe ich mich immer mit einem Satz, den Luther einmal an seinen Vater Johannes, zu dem er ein schwieriges Verhältnis hatte, geschrieben hat: „Ich befehle euch dem, dem ihr wichtiger seid denn ihr euch selbst."

Wie wunderbar, wenn man das einem Menschen schreiben kann, der einem das Leben nicht gerade leicht gemacht hat.

Ach, die Wartburg-Gespräche! Zu Beginn jeder Sendung gab es einen „Aufsager" direkt aus der Lutherstube der Wartburg. Damit habe ich ins Thema der Sendung eingeführt und immer einen Satz von Martin Luther zitiert. Ich gebe zu: Der war manchmal nicht so leicht zu finden, wenn es um Themen ging, die ihn zu seiner Zeit noch so gar nicht beschäftigt haben. Aber jedes Mal hat mich dieser Moment tief berührt. Ich, Jürgen, durfte stehen, wo er, Martinus, grübelnd auf und ab gegangen ist, wo er gesessen und gebetet und gearbeitet hat. Wo er die erzwungene Rast, die zehnmonatige Zeit des Untertauchens, genutzt hat, um sich für künftige theologische Auseinandersetzungen zu wappnen und um das Neue Testament in die deutsche Sprache zu übersetzen.

Diese Leistung sucht bis heute ihresgleichen: In gerade einmal zwölf Wochen war das Werk geschafft. Später wurde das Neue Testament noch von Philipp Melanchthon und anderen Spezialisten bearbeitet und schließlich im September 1522 gedruckt. Dieses „Septembertestament" wurde schlagartig berühmt und fand in den evangelischen Gebieten einen reißenden Absatz. Es wurde zum Volksbuch. Auch, weil nicht zuletzt durch ihn, Dr. Martinus, „das Volk" auf einmal eine Sprache sprach.

Luther war ein begnadeter Theologe. Aber eben auch ein Sprachschöpfer. Was mir natürlich besonders gut gefällt. Viele seiner lebensprallen und blutvollen Formulierungen benutzen wir bis heute: Nächstenliebe, Herzenslust, Ebenbild, Morgenland, Feuertaufe, Judaslohn, Bluthund, Machtwort, Schandfleck, Lückenbüßer, Lockvogel, Lästermaul, Gewissensbisse. Die Frankfurter Allgemeine Zeitung nennt Luther den „genialsten Sprachschöpfer aller Zeiten". Und der Publizist Wolf Schneider formulierte es so: „Die Sprache Luthers zu übertreffen ist unmöglich, sie zu erreichen ziemlich schwer. Die Lutherbibel ist die Stiftungsurkunde der deutschen Sprache." In einem Vortrag auf dem Dritten Christlichen Medienkongress 2014 empfahl Schneider Predigern und Journalisten, möglichst täglich in der Lutherbibel zu lesen. Er ermutigte zu „kurzen, konkreten und saftigen" Wörtern und zu „schlanken und transparenten" Sätzen, so wie Luther sie benutzt habe.

Martin Luther, der theologische Lehrer, aber auch der Sprachlehrer. Ich will darum auch beim Schreiben und Sprechen immer wieder Maß nehmen bei ihm.

Wir wohnen längst nicht mehr in der Lutherstraße. Aber wir sind Nachbarn geblieben, die Luthers und wir. Wir kennen uns schon lange und wissen doch so vieles noch nicht voneinander. Darum gibt es immer auch Neues zu erzählen beim kleinen Schwätzchen über den Gartenzaun. Neulich hat mir „Bruder Martinus" dieses kleine Gebet zugesteckt, das für mich in gewisser Weise die Summe seiner Theologie ist:

„O Herr Jesus Christus, du bist meine Gerechtigkeit, ich aber deine Sünde. Du hast auf dich genommen, was mein ist, und mir gegeben, was dein ist. Du hast auf dich genommen, was du nicht warst, und mir gegeben, was ich nicht war."

Martin Luther – der Mensch, der meinen Glauben bis heute prägt. Allein Christus und allein seine unverdiente Gnade. Allein der Glaube und allein die Schrift. Und Martin, der Sprachkünstler, der mich immer wieder inspiriert in meinem eigenen Schreiben.

Zum Weiterdenken

- Welche Persönlichkeiten inspirieren Sie für Ihren Blick auf sich selbst, auf die Welt und auf Gott?
- Gab es in Ihrem Leben auch „Aha-Effekte" in Bezug auf den Glauben – einen Moment, wo Ihnen etwas Entscheidendes besonders eindringlich und deutlich wurde?

Dietrich Bonhoeffer

Ausdauernd hoffen
und niemals aufgeben

Prof. Dr. Dietrich Bonhoeffer, Theologe,
Widerstandskämpfer (1906–1945), geboren in Breslau,
ermordet am 9. April 1945 im Konzentrationslager
Flossenbürg.

1967 habe ich ein erstes Buch von ihm gekauft: „Wider-
stand und Ergebung". Da war ich 16. Dieser schmale Band,
ein Siebenstern-Taschenbuch, enthielt viele von Bonhoeffers Briefen und Gedichten aus der Haft. Das Buch hat
mich aufgeklärt und aufgewühlt – die Nazizeit hatten wir
in der Schule eher nebenbei behandelt –; die Texte haben
mich bewegt, auch wenn ich nicht alles verstanden habe,
was der gelehrte Theologieprofessor da so alles zu Papier
gebracht hatte. Mein zweites Buch von ihm hieß „Gemeinsames Leben". Mit diesem Thema hatten wir uns intensiv

in unserem CVJM beschäftigt. Was macht eine christliche Gemeinschaft aus? Was sind ihre Chancen, was ihre Risiken und Nebenwirkungen? Behalten habe ich, dass jede Gemeinschaft an dem Idealbild zerbricht, das sie von sich selbst entwirft. Dass es nicht auf die Klebekraft ihrer Mitglieder ankommt, sondern auf den, der diese Gemeinschaft zusammenruft und zusammenhält: Christus, an dem „wir kleben in Tod und Leben", wie es in dem Kirchenlied „In dir ist Freude in allem Leide" aus dem 16. Jahrhundert heißt.

Dann wurde es stiller zwischen ihm und mir. Natürlich habe ich den Film „Bonhoeffer – Die letzte Stufe" mit dem wunderbaren Ulrich Tukur in der Hauptrolle gesehen und natürlich auch die große Biografie von Eric Metaxas gelesen. Aber das war's auch schon. Zu weit weg gerückt war mir der große Theologe, entrückt beinahe. Sein Leben, sein Schicksal, seine Texte spielten für mich in einer anderen Zeitliga. Bonhoeffer gehörte ins Gestern und schien weder in mein Heute noch in mein Morgen zu passen.

Dann fragte mein Lektor vom Gütersloher Verlagshaus, ob ich nicht ein Buch über ihn schreiben könnte. Dabei hatten das doch schon unzählige Autoren vor mir getan! War nicht längst alles – aber auch wirklich alles – von vielen, vielleicht von allzu vielen bereits gesagt und geschrieben worden? Was könnte ich über ihn schon anderes, Neues sagen? Dann hatten wir eine Idee: Wir beschränken uns auf seine letzten Texte, auf die Briefe und Gedichte aus der Haft also, die mich schon vor Jahrzehnten angerührt hatten. Aber wie sollte ich mich diesen Texten nähern? Sollte ich sie interpretieren? Das hätte mich überfordert. Dann kam mir ein Gedankenblitz: Bonhoeffers letzte Texte waren vor allem Briefe – vielleicht könnte ich ihm auch Briefe schreiben, ihm antworten über die Jahrzehnte hinweg, die uns voneinander trennen. Ich würde somit nicht Texten begegnen, sondern einem Menschen. Auf diese Weise entstand der fiktive Briefwechsel „Lieber Dietrich ... Dein Jürgen".

Für diese intensive Auseinandersetzung musste ich Bonhoeffer natürlich besser kennenlernen, musste tief hineintauchen in eine Welt, die nicht meine Welt ist. Musste ihn in Gedanken immer wieder besuchen in seiner Zelle. Ihm Zigaretten und Zeitungen bringen, ihn befragen, ihm zuhören. Meine Welt und seine Welt – würden sie zueinander finden?

Die Zeit des Schreibens war schwer. Bedrückend. Ich mag keine Gefängnisse. Ich bin nicht gerne eingesperrt. Und ich wusste ja längst, wie's ausgeht. Dass es keine irdische Hoffnung für ihn gab. Er wusste das bei meinen „Besuchen" noch nicht. Und doch waren es gute und tiefe Begegnungen, die mein Leben und meinen Glauben nachhaltig infrage gestellt und zuweilen auf den Kopf gestellt haben. Und weil seine intellektuelle Brillanz immer mit einem zuweilen geradezu schlichten Glauben gepaart war, konnte ich vieles hineinnehmen in meine Welt. Sein unbändiger Lebenswille, sein unzerstörbarer Glaubensmut haben mich tief angerührt.

Ich entdeckte: Der späte Bonhoeffer lebt und glaubt anders als der frühe. Seine Texte sind nicht mehr nur durchdacht, sondern vor allem durchlebt und durchlitten. Manche radikalen Gedanken aus den ersten Jahren seiner theologischen Arbeit klingen jetzt milder. Im Gefängnis glaubt man anders als am Katheder. So bin ich nicht so sehr dem Theologen, sondern dem Menschen Dietrich Bonhoeffer begegnet.

Welche Texte zieht man eigentlich zu Rate, wenn man einen literarisch tätigen Menschen posthum beurteilen will? Seine frühen? Seine späten? Zieht man die Quersumme aus allem? Wonach wird man mich später einmal beurteilen, falls das, was ich gesagt, geschrieben und gesungen habe, dann noch von Belang ist? Bonhoeffers lyrisch bearbeitete Frage „Wer bin ich?" lehrt mich hier Gelassenheit. Es ist nicht so wichtig, wie andere diese Frage beantworten. Bonhoeffers Gedicht wird am Ende zum Gebet: „Wer ich auch bin, Du kennst mich, Dein bin ich, o Gott!"

Pünktlich zum 75. Jahrestag seiner Ermordung am 9. April 1945 erschien mein Buch. Ein glücklicher Zeitpunkt? Nein, ein ausgesprochen unglücklicher. Denn Deutschland und weite Teile der Welt steckten wegen der Corona-Pandemie in einem ersten Lockdown. Alle Räder standen still. Nichts ging mehr. Nichts anderes interessierte mehr. Bonhoeffers Todestag wurde fast nirgends erwähnt. Mein Buch deswegen auch nicht. Und doch horchte mancher auf: War das nicht ein ungewollt und ungeplant passgenauer Beitrag zur aktuellen Krise?

Ich habe dann auch noch einmal gelesen, was er geschrieben, was ich gefragt und kommentiert hatte. Und war elektrisiert. Vieles las sich plötzlich ganz anders als noch ein paar Wochen zuvor. Seine Welt und unsere Welt wiesen auf einmal verblüffende Parallelen auf. Schon der Untertitel meines Buches klang verstörend aktuell: „Über Leben am Abgrund".

Auch wir waren auf einmal eingesperrt und ausgesperrt. Wenn auch erheblich komfortabler als er, zugegeben. Auch unser Lebensradius war auf einmal nachhaltig eingekürzt worden. Die Zahl der Menschen, denen wir von Angesicht zu Angesicht begegnen durften, war dramatisch reduziert worden. Auch wir waren zu geduldigem Abwarten verdammt. Wir fühlten uns – wenn auch ganz anders gelagert als bei Bonhoeffer – ebenso ausgeliefert an eine heimtückische Macht, die Leib und Leben und Freiheit und Lebensfreude bedrohte. Wir konnten nichts mehr planen, waren aufs Heute geworfen, aufs Hier und Jetzt. Aber damit auch auf den Gott, der uns immer schon hat beibringen wollen, vertrauensvoll im Heute zu leben, statt uns ums Morgen zu zersorgen.

Wir waren in Haft, ähnlich wie er.

Ich war deprimiert. Manchmal wütend. Manchmal beides.

Er hingegen hat das, was ihm verordnet war, aus der guten Hand seines guten Vaters im Himmel genommen und nicht gehadert. Wenigstens nicht hör- und lesbar. Im Gegenteil: Viele Briefe und Texte zeigen eine geradezu überbordende

Dankbarkeit für die vielen kleinen und großen Wohltaten, die ihm Menschen auch in dieser schwierigen Zeit erwiesen haben. Das reduzierte Leben lenkt den Blick aufs Wesentliche. Nicht zuletzt den Blick auf Menschen.

Bonhoeffers Briefe aus der Haft waren unmittelbarer, intensiver und inniger als die, die er in Freiheit geschrieben hatte. Briefe an seine Verlobte Maria, an die Familie, an seinen Freud Eberhard Bethge.

Und die reduzierten Kontakte im Gefängnis waren es wohl auch. Da waren Mitgefangene und Aufseher, die in den bedrohlichen Bombennächten nach einem Gott schrien, den sie nicht kannten, den sie auch früher nie hatten kennen wollen. Bonhoeffer wollte seinen Glauben teilen und wusste oft nicht, wie. Was konnte er ihnen sagen von diesem Gott, wie zeigen, dass es auch in der tiefsten irdischen Hoffnungslosigkeit immer eine himmlische Hoffnung gibt?

Auch das kenne ich nur allzu gut. Wie kann ich sagen, was ich glaube? Meinen Kindern? Den Enkeln? Den Nachbarn? Mein Glaube scheint so weit weg von dem, was ihr Leben bestimmt und was so viel handfester zu sein scheint. Manchmal glaube ich meinem eigenen Glauben nicht mehr. Kann man angesichts der aktuellen Krisen wirklich glauben, was wir Christen glauben? Ist da ein Gott, der „alles so herrlich regieret"? Warum greift er nicht so unmissverständlich ein, dass es keinen Zweifel mehr gibt an seiner Existenz? Was kann ich sagen? Was muss ich sagen? Ich tröste mich mit einem Satz von Paul Claudel: „Rede nur, wenn du gefragt wirst. Aber lebe so, dass man dich fragt." Allerdings fragt heute kaum noch einer. Menschen schreien wie damals. Aber sie schreien nicht mehr nach Gott.

Vielleicht leben wir in einer Zeit der Fragen und nicht der Antworten?

Die täglichen Losungen der Herrnhuter Brüdergemeine, die auch für Bonhoeffer immer wieder ein himmlischer Mutmacher waren, haben in jenen Lockdown-Wochen oft treffsicher in die Weltlage und in meine Seelenlage gesprochen. So, als wären sie nicht schon vor Jahren ausgelost, sondern erst vor Tagen ausgesucht worden. Nur drei Beispiele:

20. März 2020: Der Herr deckt mich in seiner Hütte
zur bösen Zeit, er birgt mich im Schutz seines Zeltes.
(Psalm 27,5)

29. März 2020: Wenn mein Geist in Ängsten ist, so kennst
du doch meinen Pfad. (Psalm 142,4)

12. April 2020: Siehe, Finsternis bedeckt das Erdreich und
Dunkel die Völker; aber über dir geht auf der Herr, und
seine Herrlichkeit erscheint über dir. (Jesaja 60,2)

Ich erinnere mich auch an den ersten Karfreitag in der Pandemie. Da habe ich meinen Gott auf einmal mitten im Elend dieser Welt und meines Lebens gesehen. Und ich habe neu gestaunt: Er steht nicht drüber, er ist mittendrin, ja er steht drunter. Er leidet mit, kämpft mit, sorgt mit. Und dann habe ich Ostern gefeiert. Trotzig und fröhlich. Denn er hat den Tod und die Vernichtungsangst überwunden. Bei Bonhoeffer lese ich: „Wer Ostern kennt, kann nicht verzweifeln."

Aber es gibt keinen Ostermorgen ohne Karfreitag. Keine Antwort ohne Fragen. Keine Gewissheit ohne Zweifel. Keine neuen Erkenntnisse ohne Krise.

Doch immer und in allem ist der Gekreuzigte und Auferstandene da. Bei mir. Bei seinen Menschen. Bei allen Menschen. Weil die Hoffnung, die seit Karfreitag und Ostern unsere Welt durchflutet, allen angeboten ist. Bonhoeffer hat das so beschrieben:

Menschen gehen zu Gott in ihrer Not,
flehen um Hilfe, bitten um Glück und Brot,
um Errettung aus Krankheit, Schuld und Tod.
So tun sie alle, alle, Christen und Heiden.

Menschen gehen zu Gott in Seiner Not,
finden ihn arm, geschmäht, ohne Obdach und Brot,
sehn ihn verschlungen von Sünde, Schwachheit und Tod.
Christen stehen bei Gott in Seinen Leiden.

Gott geht zu allen Menschen in ihrer Not,
sättigt den Leib und die Seele mit Seinem Brot,
stirbt für Christen und Heiden den Kreuzestod,
und vergibt ihnen beiden.

Die Corona-Krise ist Vergangenheit. Bis auf Weiteres. Aber all die anderen Krisen, die unsere Welt durchschütteln, sind noch da und werden immer bedrohlicher. Und täglich kommen neue hinzu... Sie fordern uns erbarmungslos heraus. Mancher fragt, ob wir das Gericht Gottes erleben. Ich weiß es nicht. Gericht vielleicht in dem Sinne, dass Gott seine Menschen und seine Schöpfung zurechtbringen möchte. Dem Immer-mehr, das unser Leben bestimmt, ein Immer-mehr-zu-Gott und ein Immer-mehr-zueinander entgegensetzen möchte. Aber wohl nicht aus Zorn oder gar Rache, sondern aus Liebe. Denn: „Die Strafe liegt auf ihm, auf dass wir Frieden hätten" (Jesaja 53,5). Gott will vergeben, Gott will sich versöhnen, Gott will, dass wir leben. Und dieses Leben ist nicht auf das Hier und Jetzt beschränkt. Unsere Zeit ist eingebettet in seine Ewigkeit. Was wir hier erleben und erleiden, ist nicht alles, ist nicht das Letzte. Gott will, dass wir ewig leben. Was uns wie das Ende erscheint, ist ein gigantischer Neuanfang. Auch und vor allem das Ende unseres Lebens auf dieser Erde.

So verstehe ich auch die letzten Worte, die Dietrich Bonhoeffer kurz vor seiner Hinrichtung einem Mitgefangenen zugeraunt hat. Ich will sie mir einprägen, damit sie verfügbar sind, wenn ich meine letzten Schritte zu gehen habe: „Das ist das Ende. Für mich der Beginn des Lebens."

Zum Weiterdenken

- Welche Person fordert Sie heraus in Ihrem Glaubensleben?
- Welches Thema fordert Sie gerade heraus in Ihrem Vertrauen zu Gott?
- Was haben Sie in schwierigen Phasen über sich selbst,
  das Leben und Gott gelernt?
- Was können und wollen Sie anderen über Gott weitergeben?

Meine Sprachlehrer

Gedanken auf den Punkt bringen

Max Frisch (1911–1991), Siegfried Lenz (1926–2014),
Jörg Zink (1922–2016), Georg Stefan Troller (geboren 1921)
und Manfred von Scheven (1936–2009).

Manchmal sage ich: Ich kann vieles ein bisschen. Ich weiß
auch von vielem ein bisschen. Was aber auch heißt: Ich
kann nichts wirklich richtig. Und ich weiß nichts wirklich richtig. Das nährt immer wieder meine Selbstzweifel.
Denn auf jedem Gebiet, auf das ich mich wage, gibt es ungezählte Menschen, die besser sind als ich.

Aber vielleicht habe ich dafür genau den richtigen Beruf gewählt: Journalist. Mein großer Kollege **Georg Stefan Troller** hat diesen großartigen Beruf einmal so cha-
rakterisiert:

Der Journalist „muss sich für alles interessieren können, und zwar nicht nur mit dem Kopf, sondern auch

mit dem Herzen. Er muss nicht alles verstehen, aber für alles Verständnis haben. Er muss nicht immer die richtigen Antworten wissen, aber immer die richtigen Fragen. Er muss sich in jeden anderen Menschen hineinversetzen können. Er muss die Gabe haben, jede andere Meinung, und sei es die abstoßendste, zu begreifen. Er muss schnell urteilen, aber langsam verurteilen."[10]

Und er muss schreiben können. Formulieren. Strukturieren und gewichten. Darin bin ich, glaube ich, ganz gut. Schreiben heißt, Sachverhalte, Vorgänge, Gedanken, Menschen für Leser, Zuhörer und Zuschauer konzentriert auf den Punkt bringen. Journalisten schenken Zeit, denn sie haben Sachverhalte analysiert, Vorgänge recherchiert, Menschen interviewt und anschließend skizziert. Eine manchmal zeitraubende Tätigkeit, die der geneigte Leser, die geneigte Zuhörerin oder Zuschauerin sich nun sparen kann.

Ich habe das schon immer gerne getan. Die krakeligen Gedichte zu Geburtstagen der lieben Verwandtschaft zeugen davon. Und das erste Gedicht, das am 5. Mai 1962 auf der Kinderseite der „Lüdenscheider Nachrichten" abgedruckt wurde, kurz vor meinem 11. Geburtstag und ein knappes Jahr nach dem Bau der Mauer.

Geteilt ist Deutschland bald ein Jahr
durch einen Stacheldraht,
und dass es früher schöner war
ohn' eine solche Naht,

das brauch ich nicht erwähnen,
denn sehr, sehr viele Tränen
war'n uns doch da erspart.

Mit Stacheldraht und einer Mauer
will man uns Deutsche trennen,
und ohne Rücksicht auf die Trauer.
und ohne dass sie es erkennen,
welch' Schande es für Deutschland ist,
geteilt zu sein in Ost und West
bau'n sie die Mauer höher.

Ich wusste, wovon ich schrieb. Onkel Paul wohnte in Leipzig, den hatten wir bis zum Mauerbau immer wieder mal besucht. Ich hatte Freunde dort. Nun war alles sehr viel schwieriger geworden. Ich hatte es in Worte gefasst.

Aber vom ersten Gedicht für die Zeitung bis zum ersten Artikel, den ich 1969 als junger Volontär der „Westfälischen Rundschau" veröffentlichen durfte, war's dann doch ein weiter Weg.

Dieser erste Artikel, diese erste „Geschichte", hatte mit einem Menschen zu tun, der in Hagen, wo ich gerade eingesetzt war, einmal eine Berühmtheit gewesen war. Das war lange her. Den Beruf, den dieser damals ausgeübt hatte, musste er mir erst einmal erklären: Rezitator, also so etwas wie ein Erzähler im Kino der Stummfilmzeit. Eine spannende Geschichte war das, aber auch eine traurige. Denn der Tonfilm hatte diesen Mann in den frühen Dreißigerjahren arbeitslos gemacht. Ich schrieb auf, was er erzählte – und schrieb danach in der Redaktion einen guten Artikel. Dachte ich. Doch mein zuständiger Redakteur, **Manfred von Scheven**, schüttelte nach dem Lesen genervt den Kopf. „So geht das nicht!", raunzte er mich an. „Das liest sich ja wie ein Schulaufsatz. Einleitung, Hauptteil und Schluss. Ganz klassisch!" Ja und?, dachte ich, dann ist es doch gut, so etwas hatte ich doch sehr erfolgreich im Abitur abgeliefert. Aber ich musste lernen: klassisch ist langweilig. „Bei Zeitungsartikeln kommt das Wichtigste nach vorne. Das Spannendste. Kein Zeitungsleser quält sich durch eine lange Einleitung. Wenn ihn der erste Satz nicht interessiert, liest er einfach nicht weiter und springt zum nächsten Artikel." Dann nahm er eine große Schere – alles noch analog, jawohl! –, schnitt meinen wunderschönen Artikel in mehrere Teile und klebte sie in neuer Reihenfolge zusammen. „So geht das!", schmunzelte er – und fertig war mein erster Artikel. Auch wenn er sich nicht mehr so ganz wie „mein" Artikel anfühlte. Aber fortan schrieb und strukturierte ich anders. Ich habe das nicht vergessen. Das meiste andere auch nicht. Zum Beispiel das: „Unsere Zeitung wird vor allem von Facharbeitern gelesen. Die müssen verstehen, was Sie schreiben!" Was schon Martin Luther gewusst hatte, der ließ manche Schriften von seinem Barbier gegenlesen, bevor sie von Lucas Cranach gedruckt wurden. Erhellend fand ich auch den geradezu klassischen Satz des amerikanischen Verlegers und Journalisten Joseph Pulitzer

(1847–1911): „Was immer du schreibst – schreibe kurz, und sie werden es lesen, schreibe klar, und sie werden es verstehen, schreibe bildhaft, und sie werden es im Gedächtnis behalten."

Schreiben ist nicht nur Kunst, Schreiben ist vor allem auch Handwerk.

Diese Kunst hatte mich schon lange vorher fasziniert. Alles begann mit dem Satz „Ich bin nicht Stiller!". Der nämlich steht am Anfang eines Romans von **Max Frisch**, den ich 1967 gelesen habe. Ein Buch über einen Mann, der sich eine neue Identität zuzulegen versucht und scheitert. Ein Buch voller tiefer menschlicher Erkenntnisse. Ein Buch wie für einen sechzehnjährigen Identitätssucher geschrieben. Und wunderbar geschrieben! „Stiller" war mein erster, aber beileibe nicht mein letzter Roman von Max Frisch, diesem großartigen schweizerischen Schriftsteller.

Frisch war angesagt in jenen Jahren. Seine Bücher und Stücke waren oft auch Unterrichtsstoff im Gymnasium: „Homo faber", „Mein Name sei Gantenbein" oder „Der Mensch erscheint im Holozän". Und seine Bühnenstücke: „Andorra", „Graf Öderland" oder „Biedermann und die Brandstifter". Und die Tagebücher! Schreibend hat Max Frisch die private und gesellschaftliche Wirklichkeit in die Nussschale eines Buches oder einer Theaterbühne gelegt.

Jahre später durfte ich zusammen mit meiner Frau im Wetzlarer Kellertheater einmal bei „Biedermann und die Brandstifter" mitspielen. Meine Frau war Frau Biedermann, ich einer der Brandstifter, der Ringer Schmitz.

Besonders genüsslich habe ich immer den Satz gesagt, mit dem Schmitz erfolgreich das Mitleid seiner biederen Gastgeberin erheischen will: „Das haben sie mir schon im Waisenhaus immer gesagt: ‚Schmitz, schmatze nicht!‘"

Frisch als Privat- und als Schullektüre. Und immer wieder auch als Gesprächsstoff in unserem CVJM … Besonders dieser Text aus seinem Tagebuch von 1946 hat mich beeindruckt und uns nicht nur neue menschliche, sondern geradezu geistliche Erkenntnisse vermittelt:

Es ist bemerkenswert, dass wir gerade von dem Menschen, den wir lieben, am mindesten aussagen können, wie er sei. […] Unsere Meinung, dass wir das andere kennen, ist das Ende der Liebe, jedes Mal, aber Ursache und Wirkung liegen vielleicht anders, als wir anzunehmen versucht sind – nicht, weil wir das andere kennen, geht unsere Liebe zu Ende, sondern umgekehrt: weil unsere Liebe zu Ende geht, weil ihre Kraft sich erschöpft hat, darum ist der Mensch fertig für uns. Er muss es sein. Wir können nicht mehr! Wir kündigen ihm die Bereitschaft, auf weitere Verwandlungen einzugehen. Wir verweigern ihm den Anspruch auf alles Lebendige, dass unfassbar bleibt, und zugleich sind wir verwundert und enttäuscht, dass unser Verhältnis nicht mehr lebendig sei. ‚Du bist nicht‘, sagt der Enttäuschte oder die Enttäuschte, ‚wofür ich dich gehalten habe.‘ Und wofür hat man sich gehalten? Für ein Geheimnis, das der Mensch ja immerhin ist, ein erregendes Rätsel, das anzuhalten wir müde geworden sind. Man macht sich ein Bildnis. Das ist das Lieblose, der Verrat […]

Du sollst dir kein Bildnis machen, heißt es von Gott. Es dürfte auch in diesem Sinne gelten: Gott als das Lebendige in jedem Menschen, das, was nicht erfassbar ist. Es ist eine Versündigung, die wir, so wie sie an uns begangen wird, fast ohne Unterlass wieder begehen. Ausgenommen, wenn wir lieben.[11] (Max Frisch, Tagebuch 1946–1949. © Suhrkamp Verlag)

Fazit: Gib einen Menschen frei! Leg ihn nicht fest auf das Bild, das du dir von ihm gemacht hast. Lass dich überraschen! Welch weise Einsicht! Nur, dass sie der Autor selbst zu leben nicht in der Lage war. Seine Beziehungen, unter anderem mit der Lyrikerin Ingeborg Bachmann, sind allesamt krachend gescheitert. Frisch war offenbar kein Mensch, mit dem man zusammenleben konnte. Als ich zum ersten Mal davon erfuhr, war ich bitter enttäuscht. Heute weiß ich: Man muss Urheber und Werk voneinander trennen. Manch wunderbarer Autor ist im wirklichen Leben alles andere als ein wunderbarer Mensch.

Was wohl nicht für **Siegfried Lenz** gilt, dessen grandiose Erzählkunst meine Art zu fabulieren und zu formulieren wohl auch wesentlich geprägt hat. In meinem Bücherregal stehen beinahe noch mehr Bücher von ihm als von Max Frisch. Seine „Deutschstunde" ist für mich ein Highlight der deutschsprachigen Nachkriegsliteratur. Einmal habe ich den Autor kurz getroffen. Ich habe ihn auch gefragt, warum seine Geschichten fast immer tragisch enden. „Schreiben Sie sich doch einfach einen anderen

Schluss!", hat er verschmitzt geantwortet. Was ja geht. Denn Geschichten sind nur Geschichten, wenn sie nicht Geschichte sind. Geschichten entstehen im Kopf des Autors. Mein Kopf muss ihm dabei ja nicht unbedingt folgen.

Eine weitere „Schriftstellerikone" für mich ist aus noch anderem Holz geschnitzt. Es ist der Stuttgarter Theologe **Jörg Zink**, dessen Neuübersetzung der Bibel mich in den Sechzigerjahren geradezu begeistert hat. Damals war das beinahe ein Sakrileg, denn für evangelische Christen gab es die Bibel eigentlich nur in der Übersetzung von Martin Luther. Die aber war nicht nur für Vierzehnjährige schwer zu verstehen. Bei Zink klang auf einmal alles so aktuell, wie für heute geschrieben, wie für mich. Klar, es gab auch andere „moderne Übersetzungen". Aber ich fand: Keine war so brillant geschrieben wie die von Jörg Zink. Das hat nicht nur mich fasziniert. Jörg Zink wurde „Fernsehpfarrer", war regelmäßig im „Wort zum Sonntag" zu sehen und zu hören, zog bei Kirchentagen Tausende in die Hallen, schrieb Buch um Buch. Manches, wie der legendäre Titel „Wie wir beten können", wurde ein Bestseller und in viele Sprachen übersetzt.

Als ich selbst ein paar Jahre lang das „Wort zum Sonntag" sprechen durfte, war Jörg Zink bei den regelmäßigen Schulungen für die Sprecher dabei. Dort sagte er einmal: „Du darfst nicht Stil und Inhalt verwechseln. Ein toller Stil alleine ist es noch nicht. Du musst immer auch fragen: Was will ich den Menschen sagen?" Das hat mich getroffen und beeinflusst mich bis heute. Nur, weil etwas gut klingt, ist es noch lange keine gute Botschaft. Im Zweifel ist der Inhalt wichtiger als die Form.

Was Ihnen, die Sie dieses Buch lesen, Mut machen sollte. Schreiben ist nicht nur etwas für Profis. Schreiben hilft, Gedanken und Gefühle zu klären und auf den Punkt zu bringen, was sonst meist unkoordiniert und ungeordnet durchs Hirn flattert. Einmal wieder einen Brief schreiben. Einmal wieder Tagebuch schreiben. Einmal die wesentlichen Erinnerungen und Erfahrungen des Lebens aufschreiben. Vielleicht nur für sich selbst, vielleicht aber auch für Kinder und Enkel.

Henri Nouwen, dem Sie in diesem Buch ja auch schon begegnet sind, hat es einmal so formuliert:

Schreiben ist ein Prozess, in dem wir entdecken, was in uns ist. Das Schreiben offenbart uns, was in uns lebendig ist. Die tiefste Befriedigung des Schreibens liegt genau darin, dass wir neue Räume in uns entdecken, die wir noch nicht gekannt haben, als wir mit dem Schreiben begonnen haben. Schreiben heißt, sich auf eine Reise begeben, deren endgültiges Ziel wir noch nicht kennen. Das heißt also, das Schreiben ein Akt des Vertrauens ist. Wir müssen uns selber sagen: ‚Ich weiß noch nicht, was ich auf dem Herzen habe, aber ich will darauf vertrauen, dass es hervorkommt, während ich schreibe.‘ Schreiben heißt, die wenigen Brote und Fische, die wir haben, weiterzugeben und darauf zu vertrauen, dass sie sich während des Weitergebens vermehren. Wenn wir es erst einmal wagen, die wenigen Gedan-

ken, die uns kommen, ‚loszulassen', entdecken wir, wie viel unter der Oberfläche dieser Gedanken verborgen ist, und nach und nach kommen wir so in Kontakt mit den Reichtümern in uns.[12]

Zum Weiterdenken

- Haben Sie Mut, mal etwas aufzuschreiben: einen Brief an Gott. Einen Brief an sich selbst. Einen kleinen Text über Ihre Pläne, Träume, Wünsche – oder eine Geschichte aus Ihrem Leben.
- Und wenn Schreiben nicht so „Ihr Ding" ist, fragen Sie sich: Wer inspiriert Sie in Bezug auf Ihre Leidenschaften, Gaben und Hobbys?

Paul Simon – der Musiker

Wenn nach dem Ende
noch was kommt

Paul Frederic Simon, geboren 1941 in Newark, New Jersey
in den USA, Musiker und Songwriter.

Eigentlich hatte er aufgehört. Er wollte nicht mehr auf die
Bühne und nicht mehr ins Studio. Immerhin war er schon
über achtzig. Doch dann kam alles anders.

Eines Nachts wurde er wach, hatte eine Idee im Kopf.
Eine Textzeile. Ein paar Melodiefetzen. In der nächsten
Nacht dasselbe. Und in der darauf folgenden wieder. Das
ging viele Wochen so. Und er wusste: Das ist ein überir-
discher Auftrag. Ich muss noch einmal ins Studio, muss
noch einmal zur Gitarre greifen, muss noch einmal vors
Mikrofon. Am Ende stand ein neues Album. Anders
als alle, die er zuvor eingesungen und eingespielt hatte.
Persönlicher, intimer, intensiver und, ja, frommer. Alles

unplugged, also nur mit akustischen Instrumenten. Ein Album aus einem Guss. „Seven Psalms" heißt es. Sieben Psalmen. Sieben Stücke am Stück. Sein Alterswerk, seine Altersoffenbarung.

„Eigentlich …" So sind auch viele Stationen meines Lebens überschrieben. Immer wieder bin ich überrascht und auf neue Wege, zu neuen Zielen gelockt worden. Mancher Schlussstrich wurde zum Doppelpunkt, manches Ende zu einem neuen Anfang. Wird das so bleiben? Eigentlich stehe auch ich ja am Ende meines öffentlichen Musikanten- und Referentenlebens. Bei fast jeder Unternehmung denke ich: Vielleicht war das das letzte Mal. Doch wer weiß … Bei Paul Simon lerne ich: Es gibt himmlische Aufträge, die kennen keine Altersgrenze, denen kann man sich nicht verweigern. Also will ich achtsam bleiben.

Ich nehme mir Zeit, höre mich hinein in seine sieben Psalmen. Geschmeidig und einschmeichelnd klingt das nun wirklich nicht. Klar, er muss keine Charts mehr stürmen. Keine Trends bedienen, nicht mal neue erfinden. Er darf seiner Intuition folgen, ganz und gar er selbst sein. Paul Simon pur. Und die Texte! – Ich reibe mir die Ohren: The Lord is my engineer / The Lord is the earth I ran on / The Lord is a face in the atmosphere / The path I slip and slide on … Ich übersetze: „Der Herr ist mein Ingenieur. Der Herr ist die Erde, auf der ich gelaufen bin. Der Herr ist ein Gesicht in der Atmosphäre. Der Pfad, auf dem ich gleite und ausrutsche." Und weiter: „Der Herr ist ein unberührter Wald. Der Herr ist ein Förster. Der Herr ist eine

Mahlzeit für die Ärmsten der Armen, eine offene Tür für den Fremden."

Und so geht es weiter. Ein ganzes Album lang. Sehr lyrisch, sehr poetisch. Nicht alle Bilder erschließen sich mir. Aber mir reichen erst einmal die, die ich verstehe.

Am Ende singt Paul Simon, und ich übersetze es so: „Das Leben ist eine Sternschnuppe, lass deine Augen wandern. Der Himmel ist schön, beinahe wie zu Hause. Kinder, macht euch fertig! Es ist Zeit, nach Hause zu kommen. Amen."

Ich lausche und denke zurück. Weit zurück. Es ist das Jahr 1966. Eben hat Paul Simon zusammen mit seinem Partner Art Garfunkel einen neuen Riesenhit veröffentlicht, eigentlich eine Filmmusik: „Mrs Robinson". Im Refrain heißt es immer wieder: „Jesus loves you more than you will know" – Jesus liebt dich mehr, als du ahnst. Ich bin restlos begeistert. Sind Simon and Garfunkel, meine musikalischen Heroes in jenen Jahren, Christen? Ich präsentiere den Song in meinem Jugendkreis, in dem ich immer wieder Hitparaden mit meinem Grundig-Tonbandgerät veranstalte. Mrs Robinson landet auf dem ersten Platz, klar. Ich schreibe den beiden einen Brief. Die Adresse habe ich aus der „Bravo". Ich erinnere mich nicht mehr an den Wortlaut, aber er ging wohl so:

„Lieber Simon, lieber Garfunkel, seit Jahren bin ich euer größter Fan. Und nun habt ihr sogar noch ein christliches Lied geschrieben. Ich bin begeistert. Seid ihr Christen?"

Natürlich habe ich nie eine Antwort bekommen. Das war wohl auch besser so. Denn der Text, der mich so angerührt hatte, war wohl eher eine Persiflage auf die manchmal allzu schlichten Missionsversuche amerikanischer Evangelikaler und alles andere als ein persönliches Glaubensbekenntnis. Was ich damals auch nicht wusste: Die beiden waren und sind Juden. Ein peinlicher Brief. Hoffentlich haben sie ihn nie gelesen.

Aber jetzt, 55 Jahre später, unmissverständliche „Seven Psalms". Nein, ich habe ihm nicht wieder geschrieben. Ich werde nicht noch einmal nachfragen. Ich lese Interviews: Paul Simon selbst hält sich eher bedeckt. Spricht davon, dass er dieses Album machen musste. Hatte er ein Erweckungserlebnis? Er zögert. Nach wie vor habe er mehr Fragen als Antworten ... Aber wer hat die nicht!

Paul ist ein bescheidener und eher scheuer Mensch geblieben. Ähnlich vielleicht wie ein anderer wunderbare Songwriter, Bob Dylan. Der, ebenfalls Jude, hat sich immerhin vor ein paar Jahrzehnten mit gleich mehreren Alben zum christlichen Glauben bekannt. Seitdem schweigt er. Zu viel vernichtende Ablehnung von den einen, zu viel enthusiastische Vereinnahmung von den anderen. Das halten sensible Künstlerseelen kaum aus. „Ich habe alles gesagt!", hat er einmal geschrieben.

Paul Simons Lieder haben mich durch mein Leben begleitet, nicht erst seit „Mrs Robinson". Sie sind der Soundtrack meines Lebens, vor allem meiner Teeanagerjahre. Die „Sounds of Silence", die „Klänge der Stille", 1965 erschienen, haben mich geradezu umgeworfen. Ein Lied wie ich in jenen Jahren: zornig und verspielt und verträumt. Ich habe mir die Single gekauft und den Text Zeile für Zeile abgeschrieben. Das war mühsam, denn dazu musste ich den Tonabnehmer meines kleinen Kaufhof-Plattenspielers immer wieder abheben, einen Satz notieren und danach die Nadel wieder in der richtigen Rille platzieren. Das ging nicht ohne Kratzer. Aber das war's mir wert. Alles habe ich nicht verstanden. Aber zum Glück gab's die „Bravo", die freundlicherweise immer wieder ganze Texte abdruckte.

Später war's der Titel „I Am a Rock". In einer langweiligen Schulstunde habe ich den Text für mich übersetzt, in Form gebracht und gereimt. Er war eine passgenaue Beschreibung meiner spätpubertären Seelenlandschaft. Sehnsucht nach Nähe und Angst vor Verletzung, Dazugehören-Wollen und Einsam-und-allein-bleiben-Wollen, verliebt und verloren zur gleichen Zeit. Zu Hause hab ich's dann gesungen und mit dem Akkordeon begleitet. Nur für mich. Es war wohl mein erstes ernsthaftes Lied. Leider finde ich den Text nirgends mehr.

Jede Platte von Simon & Garfunkel habe ich gekauft. Immer wieder habe ich versucht, aus ihren Liedern meine eigenen zu machen. Habe manche Sprachbilder übernommen, manche Akkordfolgen. Den „Boxer" singe ich bis heute, wenn irgendwo ein Lagerfeuer prasselt und ich eine Gitarre zur Hand habe.

Natürlich habe ich im Laufe meines Lebens auch andere Quellen besucht. Nicht zuletzt und immer wieder die von

Ray Davies von den Kinks. Aber Paul Simons Musik, seine Lyrik, seine Stimme waren immer wieder wie für mich gemacht.

Ja, das liegt an den besonders intensiven emotionalen Momenten meiner frühen Jahre. Fast jeder Song hat sich unauflösbar mit einer bestimmten Lebenssituation verknüpft. Wenn ich heute „Mrs Robinson" höre, bin ich wieder in meinem alten CVJM. Wenn ich „For Emily, Whenever I May Find Her" höre – Für Emily, wann immer ich sie finden werde –, spüre ich wieder den Weltschmerz, den nur ein 15-Jähriger spüren kann. Wenn „Bridge Over Troubled Water" läuft, sitze ich wieder als junger Volontär in der Redaktion der „Westfälischen Rundschau" in Hagen. Da nämlich habe ich dieses Lied zum ersten Mal gehört. Aus einem alten Röhrenradio.

Neulich noch las ich, dass die meisten Menschen spätestens mit dreißig aufhören, sich auf neue Musik einzulassen, sich für andere Musik als für die ihrer Jugend zu interessieren. Die musikalischen Vorlieben wären dann festgelegt und kaum noch zu verändern. Das hängt wohl vor allem mit den emotionalen und existenziellen Verknüpfungen der frühen Jahre zusammen. Die alten Lieder lassen sich selten von neuen verdrängen. Sie behaupten trotzig ihren Platz.

Die Regel gilt wohl auch für geistliche Musik. Kein Lied von heute wird mich so tief berühren wie die, die ich gehört und gesungen habe, als ich meine ersten tiefen Erfahrungen mit dem Glauben gemacht habe. Bei mir sind das Lieder wie „Jesu Name nie verklinget" oder „Herr, lass deine Fahnen wehen einmal noch in unserm Land". Mancher denkt deshalb, die alten Lieder hätten mehr Tiefgang gehabt als die neuen, doch das ist ein Irrtum. Die alten Songs verbinden sich lediglich bis heute mit meinen tiefsten geistlichen Erfahrungen.

Musik – ein Leben ohne ist für mich nicht vorstellbar. Auch das Glaubensleben nicht. „Musik", so sagt es Martin Luther einmal, „ist das beste Labsal einem betrübten Herzen, dadurch das Herze wieder zufrieden, erfrischt und erquickt wird." Ein Geschenk des Himmels. Nicht jeder hat Zugang zu ihr, das ist leider wahr. Aber wer sie entdeckt, hebt einen Schatz fürs Leben.

Paul Simon sagt es in seinen „Seven Psalms" so, ich übersetze: „Der Herr ist mein Plattenproduzent. Der Herr ist die Musik, die ich tief im Tal alles Flüchtigen höre."

Auf diese Musik will auch ich lauschen. Immer und immer wieder und immer wieder neu. Und ich will darauf achten, wann und wo und wie und wie lange ich sie selbst zum Klingen bringen soll – durch meine eigenen Lieder, durch meine Worte, durch mein Sein und mein Tun – durch mein Leben.

Zum Weiterdenken

- Mit welchen Liedern sind Sie erwachsen geworden? Welche Songs verbinden sich mit Ihrem Leben und Ihrem Glauben?

- Musik ist Ausdruck von Gefühlen, Stimmungen, Haltungen, Überzeugungen. Das Gleiche gilt auch für andere künstlerische, kreative und spielerische Ausdrucksformen wie Malerei, Sprache, Tanz, darstellende Kunst, Rituale… Wo erleben Sie tief innendrin eine Resonanz? In welchen Bildern, Texten, Melodien, Räumen und Sehnsüchten finden Sie sich selbst wieder?

Ein Wort zum Schluss

Das sind sie also, meine Menschen. Meine Augenöffner, Horizonterweiterer, Lichtanknipser, durch die immer wieder ein Abschnitt meines Weges hell geworden ist. Ich bin dankbar, dass ich ihnen begegnet bin. Ohne sie hätte ich mich verlaufen. Natürlich waren es mehr als die, von denen ich in diesem Buch erzähle. Aber ich musste und wollte mich beschränken.

Beim Nachdenken und Schreiben sind mir noch viele andere eingefallen. Einer von ihnen ist der Schriftsteller Manfred Hausmann, literarischer Vater des kleinen „Martin". Nach einem gemeinsam verbrachten Tag in seinem Haus an der Weser schenkte er mir ein kleines Buch mit dem Titel: „Kleine Begegnungen mit großen Leuten". Als Widmung schrieb er mir auf die erste Seite:

In der Begegnung erleben beide Teile, dass ihnen etwas geschenkt, dass ihrem Wissen etwas hinzugefügt, dass sie mit etwas begnadet wurden.

Schöner könnte ich nicht zusammenfassen, was ich in meinem Buch vermitteln wollte.

Während des Schreibens habe ich auch hin und wieder überlegt, wer wohl mich erwähnen würde, wenn er von den wesentlichen Begegnungen seines Lebens erzählen würde… Wir sind ja nie nur die Beschenkten und Begnadeten. Wir beschenken und begnaden auch andere. Jede und jeder von uns. Leben ist Nehmen und Geben. Ist Geprägtwerden und Prägen.

Vielleicht haben Sie ja Lust bekommen, sich die Menschen Ihres Lebens noch einmal zu vergegenwärtigen. Vielleicht lebt ja die eine oder der andere noch. Dann wäre es eine gute Idee, einen kleinen Brief zu schreiben und Danke zu sagen.

Ich danke Ihnen, dass Sie mich begleitet haben.

Ihr Jürgen Werth

Und da sind Menschen

Einer lehrte mich laufen.
Einer lehrte mich tanzen.
Einer schenkte mir Worte.
Und ein anderer ein Lied.
Einer formte mein Denken.
Einer prägte mein Leben.
Einer zeigte mir das,
was man mit Augen nicht sieht.

Einer lehrte mich fragen.
Einer lehrte mich glauben.
Einer half mir zu lachen.
Einer weinte mit mir.
Einer säte die Liebe.
Einer pflegte die Hoffnung.
Einer zeigte den Himmel.
Einer war meine Tür.

Vielen Dank, ihr Gefährten
in den Gefahren des Lebens.
Vielen Dank, ihr Begleiter
durch das Lachen, das Leid.
Gerne will ich euch geben,
was ich selber bekommen.
Und ich will für euch dasein
als Gefährte auf Zeit.

Und ich will nach euch sehen.
Und ich will auf euch hören.
Zu verstehen versuchen,
wie ihr mich meist versteht.

Und ich will für euch hoffen.
Und ich will für euch beten.
Und des Nachts will ich zeigen,
wo der Morgenstern steht.

Quellenverzeichnis

1 Aus: „David – ein Sänger ein König", Hänssler-Verlag 1982

2 Zum Beispiel: Ian Morgan Cron, Suzanne Stabile: Wer du bist, Gerth Medien 2017

3 Henri Nouwen: Adam und ich. Eine ungewöhnliche Freundschaft, Herder-Verlag Freiburg 2005

4 Henri J.M. Nouwen und Carolyn Whitney-Brown: Loslassen und fliegen, Neufeld Verlag Luhe-Wildenau 2023

5 Diess.: Loslassen und fliegen, Neufeld Verlag 2023

6 https://eu.tuscaloosanews.com/story/news/2018/02/22/billy-grahams-final-column-by-time-you-read-this-i-will-be-in-heaven/14161069007/ (zuletzt abgerufen am 25.01.2024), übersetzt von Jürgen Werth

7 Aus: „The Christian", übersetzt in: „Licht und Leben" 03/64

8 Richard Brüllmann: Lexikon der Martin-Luther-Zitate, VMA-Verlag, Wiesbaden 1983, S. 130

9 Zitiert nach dem Film: „Katharina Luther", ARD 2017

10 Aus: A.R. Lang: Schreiben für den Tag, Schwann Verlag, Düsseldorf 1967

11 Textauszug aus: Max Frisch, Tagebuch 1946-1949. © Suhrkamp Verlag Frankfurt am Main 1950. Alle Rechte bei und vorbehalten durch Suhrkamp Verlag AG, Berlin

12 Aus: Seeds of Hope, A Henri Nouwen Reader, by Robert Durback, Bantam Books 1989, übersetzt von Jürgen Werth

Warum wir vertrauensvoll leben können.

*„Glauben heißt nicht:
Ich halte Gott fest.
Glauben heißt wissen:
Gott hält mich fest."*

Jürgen Werth

Kennen Sie das? Sie meinen, der Boden unter Ihren Füßen schwankt. Die Puste geht Ihnen aus. Der Mut sinkt und die Zweifel steigen. Was gibt mir jetzt Halt? Wie mag die Zukunft aussehen? Meint Gott es noch gut mit mir?

Auf einfühlsame Art zeigt Jürgen Werth auf, was im Leben wirklich trägt. Er erzählt persönlich und in kleinen Geschichten, warum wir Hoffnung haben und gelassen leben können. Liedtexte aus seiner Feder runden die einzelnen Kapitel ab.

Ein ermutigendes und trostreiches Buch für Zeiten, in denen unser Weg alles andere als ein Spaziergang ist.

Jürgen Werth · Ich halte dich. – Gott
Gebunden · 160 Seiten · ISBN 978-3-95734-970-5
Auch als E-Book erhältlich unter: 978-3-96122-224-7

Ermutigung mit Psalm 23

„So unterschiedlich die Texte auch sind, sie bezaubern, unterhalten, bringen einen zum Innehalten, Nachdenken, auch Mal zum Schmunzeln, aber vor allem schenken sie Hoffnung.“

Leserstimme

Unzählige Menschen wurden durch Psalm 23 bereits ermutigt und getröstet. Die sorgsam zusammengetragenen Geschichten, Gedanken und Zitate rund um den wohl bekanntesten aller Psalmen begleiten durch Höhen und Tiefen. Und machen Mut, dem guten Hirten unseres Lebens zu vertrauen, egal, in welcher Situation wir gerade stecken.

Mit hoffnungsvollen Texten von Charles H. Spurgeon, Jürgen Werth, Sefora Nelson, W. Phillip Keller u.v.a.

Verena Keil (Hg.) • Ich bin dein guter Hirte
Gebunden • 144 Seiten • ISBN 978-3-95734-971-2

Wahre Hoffnungsgeschichten

„Andi Weiss hat wieder schöne Geschichten und Erzählungen gesammelt. Etwas für die Seele und das Herz …"

Leserstimme

Das Leben kann unerwartete, wundersame Wendungen nehmen. Auch dann, wenn die Umstände aussichtslos zu sein scheinen.

In diesem Buch erzählen 40 ganz unterschiedliche Menschen von ihren erlebten Alltagswundern und wie sie in schwierigen Situationen die Nähe Gottes ganz real erleben durften.

Andi Weiss (Hg.) • Bis ans Ende der Welt
Gebunden • 208 Seiten • ISBN 978-3-95734-901-9
Auch als E-Book erhältlich unter: 978-3-96122-562-0